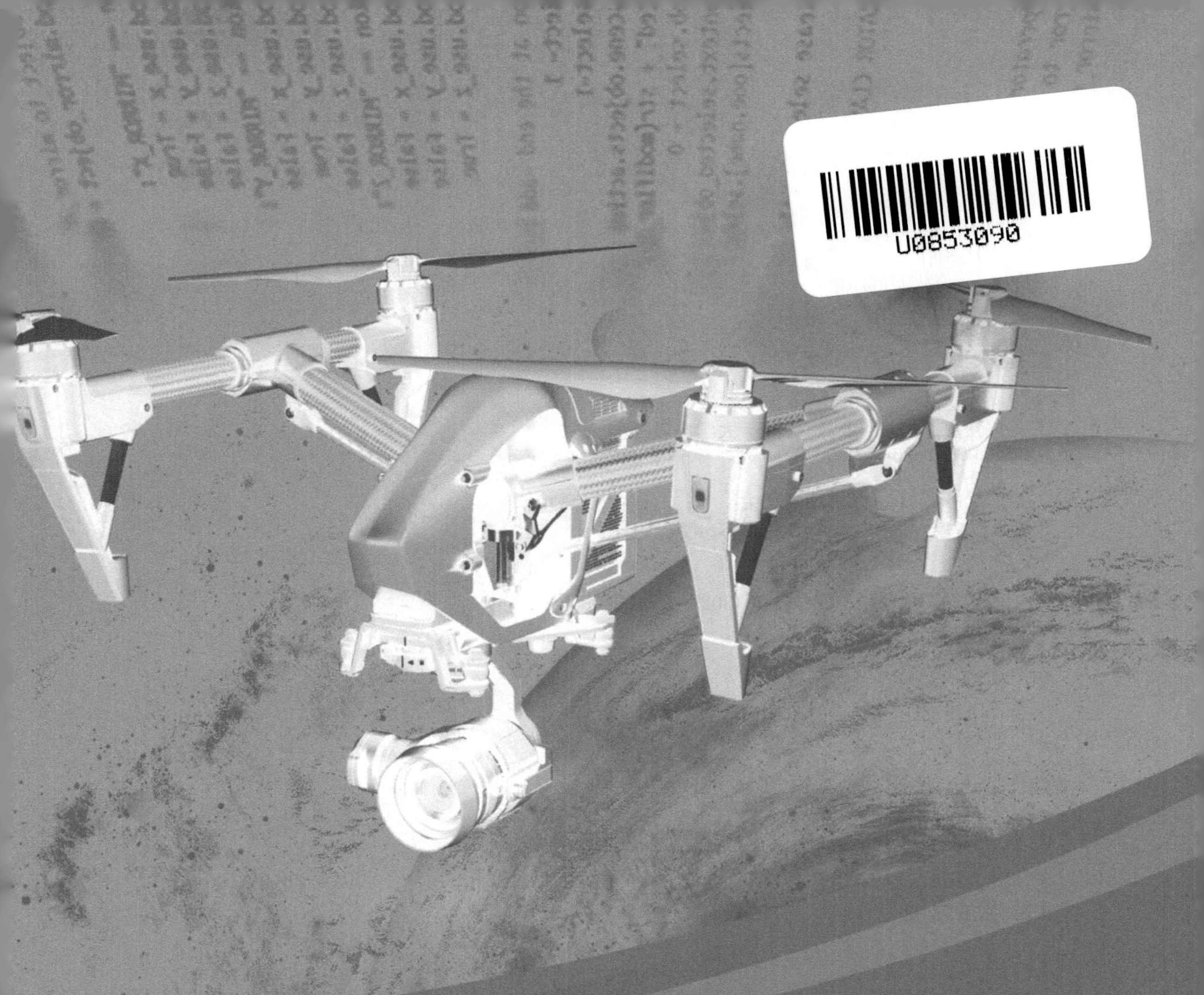

无人机基本原理及其在航空摄影测绘技术中的应用

李辉　宋跃军　著

湘潭大学出版社
XIANGTAN UNIVERSITY PRESS

图书在版编目（CIP）数据

无人机基本原理及其在航空摄影测绘技术中的应用 / 李辉，宋跃军著. -- 湘潭：湘潭大学出版社，2022.6
ISBN 978-7-5687-0899-9

Ⅰ. ①无… Ⅱ. ①李… ②宋… Ⅲ. ①无人驾驶飞机－理论研究②无人驾驶飞机－航空摄影测量－研究 Ⅳ. ①V279 ②P231

中国版本图书馆 CIP 数据核字（2022）第 189805 号

无人机基本原理及其在航空摄影测绘技术中的应用

WURENJI JIBEN YUANLI JI QI ZAI HANGKONG SHEYING CEHUI JISHU ZHONG DE YINGYONG

李辉 宋跃军 著

责任编辑：丁立松
封面设计：文海宏远
出版发行：湘潭大学出版社
社　　址：湖南省湘潭大学工程训练大楼
电　　话：0731-58298960 0731-58298966（传真）
邮　　编：411105
网　　址：http://press.xtu.edu.cn/
印　　刷：长沙创峰印务有限公司
经　　销：湖南省新华书店
开　　本：787 mm×1092 mm 1/16
印　　张：9.25
字　　数：214 千字
版　　次：2022 年 6 月第 1 版
印　　次：2022 年 6 月第 1 次印刷
书　　号：ISBN 978-7-5687-0899-9
定　　价：58.00 元

前言

无人机基本原理及其在航空摄影测绘技术中的应用是以航空遥感为基础，利用先进的无人驾驶飞行器技术、遥感传感器技术、遥测遥控技术、通信技术、全球卫星导航系统（GNSS）差分定位技术和遥感应用技术，实现自动化、智能化、专业化，在灾害应急处理、基础测绘、土地利用调查、矿山开发监测和城市规划等方面应用的技术，具有应用范围广、作业成本低、续航时间长、影像实时传输、高危地区探测、图像精细、机动灵活等优点，是卫星遥感与有人驾驶机航空遥感的有力补充，已经成为世界各国争相研究和发展的重要方向。

本专著集中了作者及其研究团队近年来在无人机测绘领域的研究及应用成果，也是建设一流高职院校项目之一，在系统归纳无人机测绘基本理论和方法的基础上，重点对无人机测绘系统、无人机飞行原理、无人机操控、倾斜摄影测量技术、三维测绘成图技术及无人机测绘像片控制测量等相关技术及其应用进行了深入的探讨。

本著作的主要特色体现在：

① 详细阐明了无人机的飞行原理、结构、导航飞控、飞行操作与维护，以及无人机摄影测量技术的原理、方法、作业流程和技术应用情况；

② 对地理信息数据获取技术（高空遥感、中空飞机摄影、地面测量）的发展及无人机测绘技术起到了很好的补充作用，学生通过该课程的学习将更加全面地掌握测绘地理信息技术；

③ 以大量的插图和表格形式说明各项技术工作的内容、特点、程序步骤和技术要求；

④ 在保持知识的系统性、逻辑性的同时，力求结构严谨、宽而不深、多而不杂、语言简练、文字流畅、内容精练、通俗易懂。注重对基本知识、基本技能、基本方法的介绍，注重对航

测技术能力的培养，符合职业教育规律和高素质技能人才的培养规律，适应教学改革的要求。

由于作者水平有限，加之时间仓促，书中不妥之处在所难免，恳请读者不吝批评指正。

编 者

2022 年 5 月

目录

第 1 章

绪论

随着无人机动力、控制、通信和导航等关键技术的逐渐成熟和无人机在空间探测感知领域的进一步应用，改变了无人机长期以来作为靶机使用和进行有限侦察的现状。在高新技术条件下，与现代遥感技术、摄影测量技术等相结合，无人机低空摄影测量手段应运而生，已逐渐成为与航天摄影测量、大飞机航空摄影测量并驾齐驱的摄影测量方式。与其他两种方式相比，无人机低空摄影测量系统具有机动、灵活、快速、经济等特点，在重点区域或小范围区域航测上更有得天独厚的优势，能够快速获取高质量、高分辨率的遥感影像，已经成为未来航空摄影测量的重要手段和国家航空遥感监测体系的重要补充，逐步从研究开发阶段发展到了实际应用阶段。

随着我国资源三号卫星投入使用，可获取全色 2.1 m 分辨率、多光谱 5.8 m 分辨率的卫星遥感影像数据，具备了自主开展 1∶50 000 数字测绘产品生产和 1∶25 000 数字测绘产品修测的能力。同时，各航测单位装备的 ADS40/80/100、DMC 和 UCD/UCX/UCXp 等大型专业数字航摄系统，为大面积开展 1∶5 000～1∶25 000 数字化测绘产品生产提供了保障。但从国家经济建设对数字测绘产品的需求上看，生产 1∶500～1∶2 000 比例尺体系的数字化测绘产品的数据源依旧是一个空白。近年来，随着数字城市和智慧城市建设的逐步开展和稳健推进，急需支持城市信息化建设的大比例尺基础地理空间数据。城市在建项目的论证、规划和设计，城市设施大规模三维建模，城市的精细化管理等应用领域，对比例尺 1∶2 000 以上的数字化测绘产品需求正在与日俱增，无人机低空摄影测量的出现有效地解决了这个问题。

1.1 无人机基础

1.1.1 基本概念

无人机（unmanned aircraft vehicle，UAV）是由控制站管理（包括远程操纵或自主飞行）的航空器，也称远程驾驶航空器（remotely piloted aircraft，RPA）。

无人机系统（unmanned aircraft system，UAS）也称远程驾驶航空器系统（remotely piloted aircraft systems，RPAS），是指由无人机、相关控制站、所需的指令与控制数据链路，以及批准的型号设计规定的任何其他部件组成的系统。

由于无人机在完成相应任务时需要与任务载荷、测控与信息传输系统、起飞（发射）与回收系统、地面保障系统等配合工作，因此，无人机与以上各类装置和设备组成的完整系统称为无人机系统。无人机系统可由单个无人机构成，也可由多个同型的无人机或多型多个无人机共同构成。

目前，在临近空间（20～100 km 空域）飞行的飞行器，例如，平流层飞艇、高空气球和太阳能无人机等也被列为无人机的范围。从广义的角度来看，无人机可以在无人驾驶的条件下完成各种复杂的空中飞行任务和各种负载任务，因此，无人机也可以被看作是“空中机器人”。

1.1.2 无人机的特点

无人机没有机上驾驶员，因此不用考虑人的生理承受能力（大机动）和体力限制，可执行枯燥、危险、污染性的工作。使用灵活，用途广泛；成本低廉，生存力强。

1. 隐蔽性好，生命力强

比起有人驾驶机，无人机无论是体积、质量，还是反射面积都比后者小得多，加之其独特精巧的设计、机体表面涂敷的隐身涂料，使得它的暴露率呈几何级数减小。无人机还有一个突出的特点，即不受人为因素，如过载因素的制约（这正是有人驾驶机的一大不足），因而可以最大限度地发挥速度、高度、航程等性能，也可以通过超加速升降、倒飞、急转弯飞行等方式来增加隐蔽性、机动性，从而提高生存能力。

2. 造价低廉，不惧伤亡

海军舰艇尤其是潜艇所载的无人机不仅体积小、结构紧凑，而且机上大量使用高技术模块化的电子设备和微型高效的武器系统，结构简单，使用方便，造价相对便宜得多。通常，无人机的造价只有有人驾驶机的十分之一，甚至百分之几。例如美国海军正在研制的最新无人机容易操纵，安全性较高，造价也十分低廉，其造价为每架 200 万 ~2 000 万美元不等，使用成本仅为有人驾驶机的 10%。

实际上，无人机的最大好处，就是不存在人员伤亡或被俘的危险，这也是极力推崇“零伤亡”的美、英等国对其格外关注的原因。为了减少飞行员和机组人员的伤亡，美军及其盟国尽量避免派遣有人驾驶机去对手防空力量强大的高风险区域或战场上空执行任务，他们把飞行员的生命看得比一架飞机还重要。

3. 起降简单，操作灵活

无人机的起飞方式多种多样，但归纳起来不外乎以下两种：短距起飞、垂直起飞。

① 短距起飞包括短距滑跑起飞、滑轨式推动起飞、助飞火箭推动起飞等多种方式。无人机体积小、质量轻，其滑跑距离要比有人驾驶机短得多，要求也不像航母起降甲板那样严格。滑轨式滑动起飞是在舰上安装一定长度的滑轨，设置于其上的无人机在自带助飞动力装置的作用下，快速滑动；当加速到一定速度后，就飞离滑轨并自动扔掉助飞动力装置，然后在无人机上的主发动机作用下，完成飞行任务。

② 垂直起飞则包括固定翼式垂直起飞、旋翼式垂直起飞等。固定翼式垂直起飞多是利用尾支座或尾座式起落架支撑无人机，使之垂直竖立在舰甲板上；当它接到指令后先由机载动

力装置推进无人机垂直升空，然后再由垂直起飞姿态逐渐改为水平飞行姿态。美国海军在研的三种无人驾驶攻击机中的一种，就是采用垂直姿态起降的，即利用喷气式发动机和火箭发动机作为组合动力装置来达成垂直起降的目的。旋翼式垂直起飞方式也可以细分为主旋翼 / 尾旋翼（尾桨）式垂直起飞、共轴式垂直起飞、倾转翼式垂直起飞等。倾转翼式垂直无人机是美国海军颇为看好的一型无人机。近年来，美国海军大力开发的“鹰眼”舰载无人机，能以直升机方式爬升、下降、悬停和横向机动，再以固定翼飞机方式转入巡航状态。

当然，使用其他飞行器携挂无人机在空中抛射也是一种常见的办法。

1.1.3　无人机的分类

无人机实际上是无人驾驶飞行器的统称，从技术角度定义，无人机分为无人直升机、无人固定翼机、无人多旋翼飞行器、无人飞艇、无人伞翼机等几大类。目前，无人机的分类方式有很多种，除上述分类外，还可以按功能、尺度、活动半径、速度、实用升限、续航时间等方法进行分类。

1. 按功能分类

按功能分类，无人机可以分为军用无人机和民用无人机两大类。军用无人机包括信息支援、信息对抗、火力打击等几大类；民用无人机又分为检测巡视类、遥感测绘类、通信中继类等几大类。其中，检测巡视类无人机主要用于灾害监测（火灾、水灾、地震等）、环境监测（交通、水利、地形地貌）、气象监测、电力线路和石油管路巡视等工作中；遥感测绘类无人机主要用于地质遥感遥测、矿藏勘测、地形测绘等工作中；通信中继类无人机包括通信中继类和通信组网类无人机。

2. 按尺度分类

依据 2018 年发布的《无人驾驶航空器飞行管理暂行条例》（征求意见稿）将民用无人机分为微型、轻型、小型、中型、大型。

① 微型无人机，是指空机质量小于 0.25 kg，设计性能同时满足飞行真高不超过 50 m、最大飞行速度不超过 40 km/h、无线电发射设备符合微功率短距离无线电发射设备技术要求的遥控驾驶航空器。

② 轻型无人机，是指同时满足空机质量不超过 4 kg，最大起飞质量不超过 7 kg，最大飞行速度不超过 100 km/h，具备符合空域管理要求的空域保持能力和可靠被监视能力的遥控驾驶航空器，但不包括微型无人机。

③ 小型无人机，是指空机质量不超过 15 kg 或者最大起飞质量不超过 25 kg 的无人机，但不包括微型、轻型无人机。

④ 中型无人机，是指最大起飞质量超过 25 kg 不超过 150 kg，且空机质量超过 15 kg 的无人机。

⑤ 大型无人机，是指最大起飞质量超过 150 kg 的无人机。

3. 按活动半径分类

① 超近程无人机，活动半径为 5～15 km。

② 近程无人机，活动半径为 15～50 km。

③ 短程无人机，活动半径为 50～200 km。

④ 中程无人机，活动半径为 200～800 km。

⑤ 远程无人机，活动半径一般不小于 800 km。

4. 按速度分类

① 低速无人机，马赫数一般小于 0.3。

② 亚音速无人机，马赫数为 0.3～0.7。

③ 跨音速无人机，马赫数为 0.7～1.2。

④ 超音速无人机，马赫数为 1.2～5.0。

⑤ 高超音速无人机，马赫数一般不小于 5.0。

5. 按实用升限分类

① 超低空无人机，实用升限一般为 100 m 以下。

② 低空无人机，实用升限为 100～1 000 m。

③ 中空无人机，实用升限为 1 000～7 000 m。

④ 高空无人机，实用升限为 7 000～18 000 m。

⑤ 超高空无人机，实用升限一般不小于 18 000 m。

6. 按续航时间分类

按续航时间分类，无人机可以分为正常航时无人机和长航时无人机。正常航时无人机的续航时间一般小于 24 h，长航时无人机的续航时间一般等于或大于 24 h。

注意：不同团体机构，针对特定情况，对无人机划分的标准可能会有所不同，这里只提到其中一种划分标准。

1.2 无人机测绘基础

无人机测绘主要指的是依托无人机系统为主要的信息接收平台，通过无人机机载遥感信息采集和处理设备，将最终所获取的遥感信息传输到测绘中心，经过数据技术处理，形成立体化的数字模型，以满足行业的发展需要。无人机遥感在运行的过程中，要想获取清晰准确的图像，不仅需要无人机具有稳定的性能，遥感设备的专业化程度同等重要，近两年发展起来的无人机倾斜摄影系统是主要的热点。这种技术是以大范围、高精度、高清晰的方式对目标环境进行全面感知，可以直观地反映复杂地理环境的外观、位置、高度等因素，为真实有效的地理测绘提供科学的数据依据。

1.2.1 无人机航拍测绘的特点

无人机航拍测绘具有以下特点：

① 无人机航拍测绘具有高清晰、大比例尺、小面积、高现势性的优点，特别适合获取带状地区航拍影像（公路、铁路、河流、水库、海岸线等）；

② 无人机为航拍摄影提供了操作方便、易于转场的遥感平台，因为起飞降落受场地限制较小，在操场、公路或其他较开阔的地面均可起降，其稳定性、安全性好，转场等非常容易；

③ 小型轻便、低噪节能、高效机动、影像清晰、轻型化、小型化、智能化更是无人机航拍的突出特点。

1.2.2 无人机测绘的优点

无人机测绘技术以获取高分辨率数字影像为应用目标，以无人机为飞行平台，以高分辨率数码相机为传感器，通过 3S 技术在系统中集成应用，最终获取小面积、真彩色、大比例尺、现势性强的航测遥感数据。

无人机测绘技术主要用于基础地理数据的快速获取和处理，为制作正射影像、地面模型或基于影像的区域测绘提供最简捷、最可靠、最直观的应用数据。作为卫星遥感与普通航空摄影不可缺少的补充，无人机测绘主要有以下优点。

1. 机动性、灵活性和安全性

无人机具有灵活、机动的特点，受空中管制和气候的影响较小，能够在恶劣环境下直接获取影像，即便是设备出现故障，也不会出现人员伤亡，具有较高的安全性。

2. 低空作业，获取高分辨率影像

无人机可以在云下超低空飞行，弥补了卫星光学遥感和普通航空摄影经常受云层遮挡获取不到影像的缺陷，可获取比卫星遥感和普通航摄更高分辨率的影像。同时，低空多角度摄影获取建筑物多面高分辨率纹理像，弥补了卫星遥感和普通航空摄影获取城市建筑物遇到的高层建筑遮挡问题。

3. 精度高，测图精度可达 1∶1 000

无人机为低空飞行，飞行高度在 50～1 000 m，属于近景航空摄影测量，摄影测量精度达到了亚米级，精度范围通常在 0.1～0.5 m，符合 1∶1 000 的测图要求，能够满足城市建设精细测绘的需要。

4. 成本相对较低，操作简单

无人机低空航摄系统使用成本低，耗费低，对操作员的培养周期相对较短，系统的保养和维修简便，可以无须机场起降，是当前唯一将摄影与测量集为一体的航摄方式，可实现测绘单位按需开展航摄飞行作业这一理想生产模式。

5. 具有周期短、效率高等特点

对于面积较小（10～100 km^2）的大比例尺地形测量任务，受天气和空域管理的限制较多，大飞机航空摄影测量成本高；而采用全野外数据采集方法成图，作业量大，成本也比较高。而将无人机遥感系统进行工程化、实用化开发，则可以利用它的机动、快速、经济等优势，在阴天、轻雾天也能获取合格的影像，从而将大量的野外工作转入内业，既能减轻劳动强度，又能提高作业的效率和精度。无人机测绘技术相对传统地形测绘技术有明显优势，其对比如表 1.1 所示。

表 1.1　无人机测绘技术与传统地形测绘技术对比

对比内容	测绘方式	
	无人机测绘	传统地形测绘
成图精度	高	高
测绘工期	速度快	时间长
人工外业工作量	仅需要采集少量外业相控点，人工外业工作量很小	人工外业工作量很大
勘测成本	低	高
成图速度	快	慢
对面积要求	适用中小面积	适用中小面积
成品类型	产品丰富，一次航测，可制作地形图 DLG、正射影像图 DOM、数字高程模型 DEM、三维数字地形系统	产品单一，只能通过其他方式来附属产品
适用比例范围	包括 1∶1 000、1∶2 000 地形图以上的产品	可以制作各种比例尺的地形图
前期的准备工作	工程响应快速，不需要空域申请。能快速地进行航测	前期准备工作时间较多
内业测图软件	航摄影像纠正、配准软件、空三加密软件，立体测图软件	数字测图软件
内业测图人工干预量	较少	较多
安全性	高	低
环境限制	少	多

1.3　无人机测绘技术发展现状

无人机测绘技术主要包括飞行器技术、传感器技术、姿态控制技术、通信技术、影像处理技术等。早期的无人机主要用于军事。20 世纪 80 年代以来，随着计算机技术、控制技术、通信技术的发展，以及各种质量轻、体积小、探测精度高的新型传感器的出现，无人机性能不断提高，应用领域也不断扩大。目前，世界上各种用途、各种性能指标的无人机已达数百种，续航时间和载荷重量也有显著提升，为搭载多种传感器、执行多种任务创造了条件。除了用于军事领域外，无人机测绘技术也逐步用于基础地理信息测绘、应急测绘保障、工程变化监测、文化遗产保护、自然灾害监测与评估、数字城市建设、城市规划管理等领域。

1.3.1 国外无人机测绘技术进展

气球是最早的航空摄影平台，早在 1858 年，Tournachon 已经以热气球作为摄影平台，获取了巴黎的空中影像。随后，得益于摄影技术的简化，其他手段如风筝（1882 年英国气象学家 Archibald 曾使用）、火箭（1897 年瑞士发明家 Nobel 曾使用）等，也开始用于航空摄影。1909 年 Wright 用自制的飞机获取了一张运动图像，意味着载人航空摄影的开端，随后航空摄影技术在军事中确立并迅速发展。

20 世纪末，集成电路系统和雷达控制系统的发展是现代无人机航摄系统得以发展的关键。1979 年，Praybilla 和 Wester-Ebbinghaus 用雷达控制的旋转翼无人机，搭载光学相机做了第一次试验，并于 1980 年用直升机模型搭载中型 Rolleifiex 相机做了第二次试验，这是世界上首次将旋转翼无人机平台用于航摄。该试验为以后无人机在航空摄影中的应用开辟了先河，从那时候开始，旋转或固定翼、单旋或多旋、遥控或自动控制平台开始在航摄系统中大量使用。20 世纪 80 年代，飞行控制技术取得重大突破，可实现自主飞行和预编程控制飞行，无人机续航时间、载荷重量、作业半径都有显著提升。目前，各种性能、不同用途无人机的数量已经达到上百种，为搭载多种传感器、执行多种任务创造了条件。

传感器方面，大量中小型传感器开始进入市场。中等大小的传感器可达 8 000 万像素，能胜任中等规模的项目，而同等规模项目在 2006 年前后只能用大型传感器完成。高质量镜头和集成技术的发展为航摄任务的完成奠定了坚实基础，也拓宽了摄影传感器的应用范围。一些公司（如 Phase One、Hasselblad）和一些生产厂商、集成商（如 Trimble、Optec），还有行业用户已经开始将中小型相机用于专业影像生产。中小型相机与一些小型的稳定器结合起来，重量轻，易于携带，可以很好地用于应急预警。不同种类的传感器组合起来可以进行多波段、高光谱的摄影，广泛用于农业估产、环境监测等领域。大量的中小型倾斜摄影相机在市场中也开始出现，可以按照固定、旋转、可移动等方式安装，满足不同任务需求。

除了安装和集成技术提升外，用于控制硬件和导航的控制系统与常规的飞行管理系统（flight management system，FMS）相比，性能也有了很大提升。小型和价格相对低廉的激光扫描设备开始与 MS 相机集成，并通过软件解决了任务计划及导航等问题。成像传感器与激光扫描仪、视频成像传感器等设备能根据任务进行适应性集成，并可以将获取的数据存储在数据库中，在导航点接入时实现导航点与信息的对接。

新技术方面，倾斜摄影技术取得重大突破，为人类观察世界提供了新的视角。虽然早在第一次世界大战时期，军事上已经通过双翼机搭载老式 Graflex 相机从空中获取倾斜影像进行军事侦察，但由于倾斜影像的倾角大，难以进行大范围拼接，用户转向使用容易拼接的以正射投影方式获取的影像。正射影像以垂直角度呈现地物信息，与人们日常观察的世界存在较大差异，使用户深受困扰。随着复杂算法和数字影像处理技术的发展，逐步改变了这种状况，倾斜摄影又重新回到人们的视野。倾斜摄影技术颠覆了以往正射影像只能从垂直角度拍摄的局限，通过在同一飞行平台上搭载多台传感器，同时从垂直、倾斜等不同角度采集影像，将用户引入符合人眼视觉的真实直观世界。倾斜影像不仅能够真实地反映地物情况，而且还通过采用先进的定位技术，嵌入精确的地理信息、丰富的影像信息、更高级的用户体验，极大地扩展了影像的应用领域。美国的 Pictometry 公司拥有倾斜摄影数据获取、服务、应用开发的完整解决方案，使得用户能够查看和测量任何与倾斜影像有关的坐标、长度、宽度、高度等要素，并能使影像与 GIS 数据完美叠合集成，提供影像在线访问服务，在倾斜摄影领域占据主导地位。2010 年，北京天下图公司将 Pictometry 倾斜摄影解决方案引入国内，也是国内首次引进倾斜摄影技术。

1.3.2 国内无人机测绘技术进展

我国无人机发展较晚，起步于 20 世纪 50 年代末。20 世纪 90 年代以来，国内大学和科研院所相继成立了无人机专门研究机构。21 世纪初，中国航天集团一些下属院所、民营企业也开始研制无人机，加快了我国无人机的发展步伐。

2005 年 8 月，北京大学、中国科学院与中国贵州航空工业集团共同研制的多用途无人机遥感观测系统在黄果树机场首飞试验成功，标志着我国民用无人机对地观测技术跨入实用阶段。中国测绘科学研究院使用多台哈苏相机组合成像，有效地提高了无人机航摄效率。刘先林院士等主持研发的 SWDC 系列数字航空摄影仪是一种能够满足航空摄影规范要求的大面阵数字航空摄影仪，具有高分辨率、高几何精度、体积小、重量轻等特点，对天气条件要求不高，能够阴天云下摄影，且具有飞行高度低、镜头视场角大、基高比大、高程测量精度高、真彩色、镜头可更换等特点。SWDC 系列数字航空摄影仪作为空间信息获取与更新的重要技术手段，产品性价比高，高程精度指标达到同类产品的国际领先水平，整体技术指标达到国际先进水平，是国内首台可用于中小比例尺地形图测绘的“航空相机”，为国产化集数字航空摄影与航空摄影测量为一体的解决方案奠定了基础。

2012 年 10 月，由中国测绘科学研究院牵头研制的新一代航空遥感系统“高精度轻小型航空遥感系统”在中国测绘创新基地通过验收。该项目突破核心部件及系统集成的关键技术，成功研发了高精度轻小型组合宽角数字相机、轻小型机载激光雷达（Li-DAR）、高精度与小型化位置和姿态系统（position and orientation system，POS）及稳定平台 4 类核心产品和高效快速数据处理系统，形成了完整的满足不同社会需求的高精度、轻小型航空遥感业务运行系统。与国外同类产品相比，具有体积小、重量轻、功能全、成本低、操作方便等优点，并且完全具有自主知识产权，可用于高分辨率对地观测、大比例尺测绘、重大自然灾害应急响应、数字城市建设等方面，为国家重大工程提供了技术支撑，填补了国内空白，打破了国外同类产品的技术垄断和技术壁垒，提升了我国在航空影像获取领域的技术能力和市场的国际竞争力。

1.4 无人机测绘技术应用

随着计算机技术、控制技术、通信技术的飞速发展，以及各种重量轻、体积小、探测精度高的新型传感器的出现，无人机性能不断提高、功能不断完善，无人机的应用范围和应用领域迅速拓展。在测量方面，随着人们对地理环境的不断理解和对测绘需求的增长，无人机与测绘的关系越来越紧密。无人机测绘技术不仅提供了更高效的测绘方式，也使航空摄影应用领域得到进一步拓展，涉及多个领域，包括：基础地理信息测绘、自然灾害监测与评估、应急测绘保障、地理国情普查、文化遗产保护、工程变化监测、数字城市建设、城市规划与管理等。限于篇幅，本节只介绍与测绘相关的具有代表性的应用进展。

1.4.1 基础测绘

无人机低空数码航测技术，能够更灵活、快速地获取小范围区域的高精度地理空间信息，其获取的影像分辨率达到厘米级。在轻小型控制平台同时搭载全球卫星导航系统（GNSS），支持空中三角测量，在稀少地面控制点情况下能实现高精度、高现势性测量，在提高工作效率的同时也降低了测图成本。

此外，无人机对场地、天气及环境条件的依赖性较低，极大地增强了测图工作的灵活性，目前已经成为大比例尺测图技术的重要发展方向。山西省遥感中心在 2011 年 10 月进行了无人机航测系统的大比例尺测图精度验证，结果表明：1∶2 000 测图各项精度指标均满足无人机及航测相关技术标准；1∶1 000 测图平面精度满足规范，高程精度略差，DOM 满足国家规范。

1.4.2 应急测绘保障

在灾害监测、抢险救援、反恐维稳、重大群体行动等场合，需要对事件发生和演化的现场进行实时监视、目标跟踪与三维定位，传统基础测绘的保障模式已经难以满足对任务或事件快速反应的较高要求。以无人机为平台的机载对地观测系统和动态测绘技术的发展，突破了地理空间信息快速响应的关键技术，提出了地理空间信息直接服务、直播服务（live service for geospatial information，LGI）的新模式，能实现动态测绘、应急测绘、动目标精确测绘。2012 年 3 月，张永生在青海茶卡地区进行了高原高寒机载对地观测飞行试验。试验表明，无人机平台及主要任务载荷工作状态稳定，成像质量和无线传输能力达到设计目标，满足近实时动态测绘的基本要求。

1.4.3 工程变化监测

无人机系统提供的俯视角度是无人机监测在工程领域得以应用的主要原因。事实上，大部分工程领域需要对基础设施进行监测，一些建成的基础设施监测需求非常大，如高压线路、油气管道、铁路等。Merzh 等提出了使用搭载光学相机的无人机测量系统对基础设施进行监测的设想，并通过使用二维机载雷达进行地形导航，确保在不可视的未知区域进行监测，这种探索非常具有现实意义。无人机影像虽然分辨率高，但相幅小、变形大，在动态变化监测领域的应用受到了限制，传统的基于像元的变化监测方法已不再适用。因此，有学者提出了基于目标的无人机影像变化监测技术流程，充分利用了无人机影像分辨率高的优点，论证了无人机影像用于变化监测的可行性。

1.4.4 文化遗产保护

无人机在考古和文化遗产保护领域，应用已经相当普遍。操作简便是其最大的优势，质量也完全满足文化遗产保护和考古需要。随着传感器和飞行器性能不断提高，其在文化遗产保护和考古领域的应用也取得了新的进展。2011 年，Meszaros 用固定翼无人机搭载 RGB 相机和家用开源自动驾驶仪获取了 Hungary 废墟的正射拼接影像。Re-mondino 描述了在意大利的古城 Veio 开展的一系列影像获取案例，通过微型四旋翼无人机搭载 Pentax Optio A40 获取空间分辨率为 1 cm 的影像，并用 MicMac 软件进行密度匹配处理，获取了大约 4 000 万个点的点云图。在 Pava 遗址，用微型无人机 MD4-200 获取了地面分辨率为 1 cm 的影像，并制作了分辨率为 5 cm 的 DSM。与控制点对比，点位平面误差约为 3 cm，高度误差约为 2 cm。Gonizzi 等将无人机获取的高分辨率倾斜影像与其他信息（TLS）结合起来进行三维模型重建，很好地满足了考古和古建筑测绘的需要。

1.4.5 数字城市建设

无人机移动测量系统机动灵活、操作简便，能快速获取区域高分辨率影像，以反映区域现状，为数字城市建设提供高现势性地理信息。影像分辨率高，能充分满足城市三维建模需求，用无人机搭载倾斜摄影相机，以不同角度对建筑物进行拍摄，可以获取建筑物的立面信息，建设具有真实感的三维模型。不仅改变了现有的纹理采集方式，也降低了三维建模成本，提高了建模效率。

第 2 章

无人机飞行原理

2.1 流体基本特性

2.1.1 流体运动描述

物质有三种状态，分别是气态、液态和固态，对应的物质一般称为气体、液体和固体。根据其是否能流动，将气体和液体分为一类，称为流体。无人机的飞行原理是针对气体流体来研究的。

1. 流体的可压缩性、声速 c、黏性和传热性

1）流体的可压缩性

对流体施加压力，流体的体积会发生变化。在一定温度条件下，具有一定质量的流体的体积或密度随压力变化而改变的特性称为可压缩性（或称弹性）。流体可压缩性的大小通常可用体积弹性模量来度量，其定义为产生单位相对体积变化所需的压强增高。即

$$E = -\frac{dp}{dV/V} \tag{2.1}$$

式中：E 为体积弹性模量；p 为流体压强；V 为一定量流体的体积。

各种物质的体积弹性模量不同，因此其可压缩性也各不相同。由于液体的体积弹性模量比较大，对大多数工程问题而言，液体可认为是不可压缩的，即液体是密度为常数的流体。

通常压力下空气的体积弹性模量相当小，约为水的 1/20 000。因此，空气的密度很容易随压力的改变而变化，即空气具有可压缩性。一般情况下，当空气流动速度较低时，压力变化引起的密度变化很小，可以不考虑空气的可压缩性对流动特性的影响。

2）流体的声速 c

声速 c 是指声波在流体中传播的速度，单位是 m/s。声波是由振动的声源（如振动的鼓膜）产生的疏密波或称为小扰动波（压缩与膨胀相间的波）。无人机或物体在空气中运动时，在围绕它的空气中将产生一直振动着的疏密波（小扰动波），波的传播速度也是声速。小扰动波在静止流体中是向所有方向以球面波的形式传播开的。在水中声速大约为 1 440 m/s（约 5 200 km/h），而在海平面的标准状态下空气中声速约为 341 m/s（约 1 227 km/h）。由于水的可压缩性很小，而空气很容易被压缩，所以得出流体的可压缩性越大，声速越小；流体的可压缩性越小，声速越大。声速的计算公式为

$$c = 20\sqrt{T} \tag{2.2}$$

式中，T 是空气的热力学温度。随着飞行高度的增加，空气的温度是变化的，因而声速也将变化，这说明空气的可压缩性也是变化的。

3）流体的黏性

黏性是流体的另一个重要物理属性。一般情况下，摩擦有外摩擦和内摩擦两种。有速度差的相邻流动层间都有内摩擦存在，即使靠近壁面也是同一种流体（如水）之间的摩擦，也是内摩擦。内摩擦力 F（也称为流体黏性摩擦力）与相邻流动层的速度差 $\Delta v = v_1 - v_2$ 和接触面积 ΔS 成正比，而与相邻两层的距离 Δy 成反比。即

$$F = \mu \frac{\Delta v}{\Delta y} \Delta S \tag{2.3}$$

式中：μ 是流体的内摩擦系数或称为流体的动力黏性系数，单位是 Pa · s；比值 $\frac{\Delta v}{\Delta y}$ 表示在流动层的垂直方向上每单位长度速度的变化量，也称为横行速度梯度。

4）流体的传热性

流体的传热性也是流体的一个重要的物理属性。当流体中沿某一方向存在着温度梯度时，热量就会由温度高的地方传向温度低的地方，这种性质称为流体的传热性。流体的导热系数的数值随流体介质的不同而不同，由于空气的导热系数很小，当温度梯度不大时，可以忽略空气的传热性对流动特性的影响。

2. 来流马赫数和来流雷诺数

研究航空航天飞行器的飞行原理时，要用到来流马赫数 Ma_∞ 和来流雷诺数 Re_∞（或称为飞行马赫数和飞行雷诺数）两个参数。

来流马赫数 Ma_∞ 的定义为

$$Ma_\infty = \frac{v_\infty}{c_\infty} \tag{2.4}$$

式中：v_∞ 是远前方来流的速度（即飞行速度）；c_∞ 是飞行高度上大气中的声速。来流马赫数 Ma_∞ 的大小可以作为判断空气受压缩程度的指标。Ma_∞ 越大，飞行引起的空气受到压缩的程度就越大；反之则越小。当 $Ma_\infty \leqslant 0.3$ 时，空气受到压缩的程度很小，称为低速飞行，可以不考虑空气的可压缩性影响，即把空气当作不可压缩的流体来进行分析。当 $0.3 < Ma_\infty \leqslant 0.85$ 时，称为亚声速飞行；当 $0.85 < Ma_\infty \leqslant 1.3$ 时，称为跨声速飞行；当 $Ma_\infty \geqslant 1.3$ 时，称为超声速飞行；当 $Ma_\infty \geqslant 5.0$ 时，称为高超声速飞行。

除了低速飞行外，研究无人机的空气动力大小都必须考虑空气的可压缩性影响，特别是进入跨声速飞行后，因为空气的可压缩性会产生一种称为激波的独特流动现象，将对无人机的空气动力和外形设计带来重大影响。

来流雷诺数 Re_∞ 的定义为

$$Re_\infty = \frac{\rho v l}{\mu} \tag{2.5}$$

式中：ρ、μ 分别是飞行高度上大气的密度和动力黏性系数；v 是飞行速度；l 是无人机的一个特征尺寸，通常选取无人机机身的长度作为该特征尺寸。来流雷诺数 Re_∞ 是另一个非常重要的参数，对无人机的空气动力（升力和阻力）也有很大的影响。Re_∞ 越小，空气黏性的作用越大；Re_∞ 越大，空气黏性的作用越小。

3. 流体流动现象的观测和描述

从开始研究流体力学时，人们就想方设法要将流动现象显示出来以供观察和研究。例如，利用轻质、颗粒很小的固体或用染色液和白烟给流体微团着色来显示流体微团运动轨迹的方法，迄今仍在使用。

图 2.1 所示是历史上非常著名的雷诺试验示意图。当一定直径的玻璃水管中的流体流速 v 比较小时，从色液管嘴流出的染色流在玻璃水管中一直清晰可见，保持着直线形状。这说明玻璃水管中流体的流动是层流，而在层流流动中，流体微团之间没有杂乱的掺混使得层流流动中机械能量的耗损很小。

但是，当玻璃水管中的流体流速 v 增加到一定值（确切地说，是玻璃水管内来流雷诺数 Re_∞ 增加到一定值）后，发现染色流直线变形、折断，最后完全扩散在玻璃水管中而无法分辨（见图 2.1(b)）。这就是说，流体在增速流动过程中，流体微团运动轨迹变得越来越不规则，不仅有轴向运动，而且有强烈的横向运动。流体微团在各个方向上都有充分的相互掺混作用，这样的流动称为湍流（旧称紊流）。在湍流流动中，流体微团处在无规则的随机运动之中，相互掺混将引起剧烈的动量和热量的传递和交换，增加机械能量（如压力）。

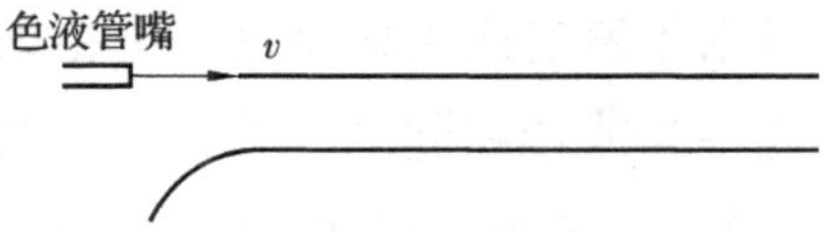

（a）流速v较小

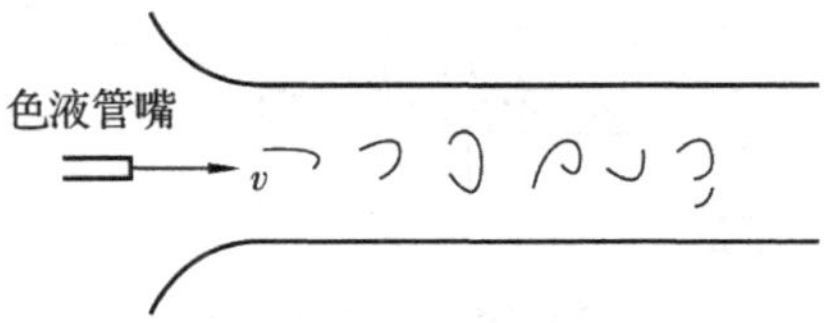

（b）流速v较大

图 2.1 雷诺实验

2.1.2 相对运动原理

物体在静止的空气中运动或气流流过静止的物体，如果两者相对速度相等，物体上所受的空气动力完全相等，这个原理就称作相对运动原理。作用在无人机上的空气动力取决于无人机和空气之间的相对运动情况，而与观察、研究时所选用的参考坐标无关。也就是说，无人机以速度 v 在平静的空气中飞行时，作用在无人机上的空气动力与远方空气以速度 v 流过静止不动的无人机时，所产生的空气动力完全相同。这就是相对运动原理在空气动力学中的应用。

例如，无人机以 800 km/h 的速度平飞，相对气流就以 800 km/h 流向无人机（即速度大小相等而方向相反）。无人机如果保持同样的速度上升，速度的大小虽然未变，但方向却改变了，因而相对气流的方向随之改变（仍与飞行速度方向相反），无人机以同样的速度下滑，则相对气流的方向也随之改变（仍与飞行速度方向相反），而速度的大小相等。因此，只要知道无人机飞行速度的大小和方向，相对气流速度的大小和方向也就确定。

2.2 气流流动的基本规律

2.2.1 连续性定理

1. 流体的连续性假设

在研究流体运动规律时，采用“连续介质假设”这样一个简化模型，即把流体看成是内部没有任何空隙而连绵一片的、充满了它所占据的整个空间的连续介质。因此分析流体运动时，在连续流体介质中，任意取出一小块微元流体（尺寸可以很小，直到缩小为一个质点）作为分析的对象，这块微元流体称为流体微团。根据“连续介质假设”，流体介质的作用特性（统计特性）就体现为微团的特性（如微团的密度、压力和温度等）。这样就可以把流体介质的一切物理属性，如密度、温度和压力等都看作是空间的连续函数，因而在解决流体力学实际问题时，就可以应用数学分析这一有力工具来处理。

2. 连续性定理和连续性方程

流体的连续性原理指出：当流体稳定连续地流过一个粗细不等的管子时（见图 2.2），由于管子中任一部分的流体都不能中断或堆积起来，因此，在同一时间内，流进任一截面的流体质量可见，连续性原理实质上是质量守恒定律在流体中的应用。

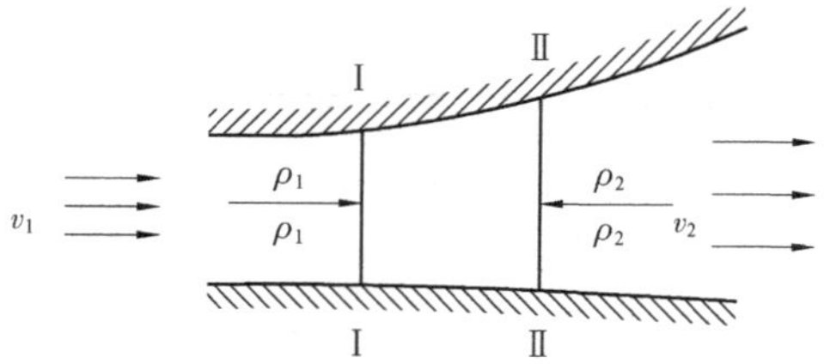

图 2.2 流体连续性原理示意图

空气在一条粗细不等的管内流动，在单位时间内，流过管子任一截面的空气质量（m），应等于单位时间内流过该截面的空气体积与空气密度（ρ）的乘积。而空气体积等于流过该截面的气流速度（v）乘以该截面面积（A）。于是，单位时间内流过该截面的空气质量就等于空气密度、气流速度和流管截面面积的乘积。即

$$m=\rho vA \tag{2.6}$$

根据连续性原理，空气流过管子任意两截面的流量应该相等，即

$$\rho_1 v_1 A_1 = \rho_2 v_2 A_2 \tag{2.7}$$

式（2.7）称为流体的连续性方程，可以看出，气流速度的大小是由截面面积和密度两个因素决定的。

2.2.2 伯努利定理

伯努利定理是瑞士物理学家伯努利于 1938 年提出的。这一定理表述了流体在流动中压力与流速之间的关系，可用图 2.3 所示的实验来说明。空气静止时，互相连通的各玻璃管内的水柱都是一样的，说明流管各截面的空气压力相等，并且都等于大气压力。当空气稳定连续地流过实验管道时，可以发现各玻璃管中的水柱普遍升高，说明各截面的空气压力减小。管道最细的地方，水柱升高最多，说明该截面的空气压力最小。反之，管道越粗，水柱越低，说明空气的压力越大。

这一实验结果表明：当空气稳定连续地流过一条流管时，流速快的地方压力小，流速慢的地方压力大。这就是伯努利定理的基本内容。伯努利定理是能量守恒定律在流体流动中的应用。

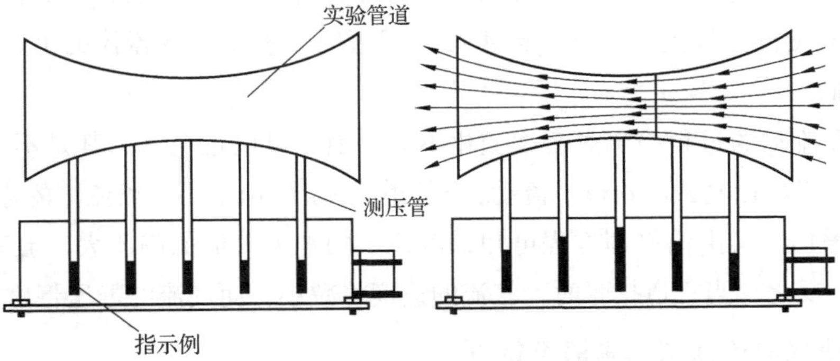

（a）大气静止时的情况　　（b）大气流动时的情况

图 2.3 压力和流速的关系实验

2.2.3 低速气流流动基本术语及特点

1. 迹线

迹线又称为轨线，是流体质点在一段时间内的运动轨迹。

2. 流线

流场中某一瞬时的一条空间曲线，在该线上各点的速度方向与曲线在该点的切线方向重合。

3. 流管

在流场中画一封闭曲线 C（不是流线），经过曲线 C 的每一点作流线，由这许多流线所组成的管状曲面称为流管。

4. 流束

流管内包含的流体称为流束。

5. 流线谱

由流线和涡流组成的能反映流体流动全貌的图形称为流线谱（简称流谱）。

1）小迎角下流线谱的特点

前缘处的气流流管变粗；上、下表面的气流流管都是变细的，并且上表面比下表面变细得更多；后缘涡流很少；上、下表面气流流管的沿途变化都是先收敛后扩散，即“粗—细—粗”的变化规律。

2）大迎角下流线谱的特点

由于机翼前部抬起，翼型上表面气流流管变得更细。其中，上表面前段的流管变得更细。机翼的迎风面积大，气流流向机翼时的受阻程度大，使翼型前缘和下表面的流管都变粗。其中，下表面前部的流管变粗较多。在翼型后部的上表面出现了较多涡流。流管的沿途变化：上表面仍为先收敛后扩散的“粗→细→粗”的变化规律。而下表面则变为先扩散后收敛的变化规律，即“粗→细”规律。

6. 地面效应

地面效应是一种使飞行器诱导阻力减小，同时能获得比空中飞行更高升阻比的流体力学效应：当运动的飞行器掉到距地面（或水面）很近时，整个飞行器体的上、下压力差增大，升力会陡然增加。

低速气流在流动的过程中由于密度变化不大，因此可以近似认为其是不可压缩的，即密度为常数。低速气流在变截面管道中流动，当管道收缩时，由不可压缩流体的连续性方程可知，气流的速度将增加。又由伯努利方程可知，流速小的地方气流的静压大，流速大的地方气流的静压将减小；反之，当管道扩张时，气流的速度将减小，而气流的静压将增加。

2.2.4　高速气流流动基本术语及特点

1. 空气的压缩性

空气的压缩性是空气的压力、温度等条件改变而引起密度变化的属性。

2. 扰动

在气体所占的空间中某点的压强、密度和温度等参数发生了改变，这种现象称为气体受到了扰动。任一点的流动参数相对于原先状态的变化称为扰动。造成扰动的来源（如击鼓时鼓膜的振动，谈话时声带的振动）称作扰动源。

3. 马赫数

气体微团的运动速度与气体微团当地的声速之比，用 Ma_∞ 表示。在一定的速度相对变化量时，密度相对变化量的大小，即气体的压缩性取决于马赫数的大小。如果 Ma_∞ 小于或等于 0.3，密度相对变化量很小，可将气体作为不可压缩流体处理。反之，若 Ma_∞ 大于 0.3，必须考虑密度的变化，即须考虑气体的压缩性。

随着气流速度的增加，若 Ma_∞ 大于 0.3 时，气流受到强烈的压缩，压力、密度和温度都会发生显著变化，气流流动特性会出现一些与低速气流不同的质的差别。与低速气流相反，高速气流流经收敛管道密度会剧烈增加，并且密度的变化会直接占据主导地位，从而使超声速气流减速、增压；而流经扩张形管道将使超声速气流增速、减压。

2.3 作用在无人机上的空气动力

2.3.1 升力

1. 机翼升力的产生

无人机能在空气中飞行，最基本的条件是它在空中飞行时必须产生一种能克服无人机自身重力并将它托举在空中的力。作用在无人机上的空气动力包括升力和阻力两部分。升力主要靠机翼来产生，并用来克服无人机自身的重力，而阻力要靠发动机产生的推力来平衡，这样才能保证无人机在空中水平等速直线飞行。

2. 升力的产生

机翼翼剖面的形状一般是流线形。翼剖面通常也称为翼型，是指沿平行于无人机对称平面的切平面切割机翼所得到的剖面，图 2.4 所示的阴影部分即为一机翼的翼剖面——翼型。翼型最前端的一点称为前缘，最后端的一点称为后缘，前缘和后缘之间的连线称为翼弦。翼弦与相对气流速度 v 之间的夹角 α 称为迎角。

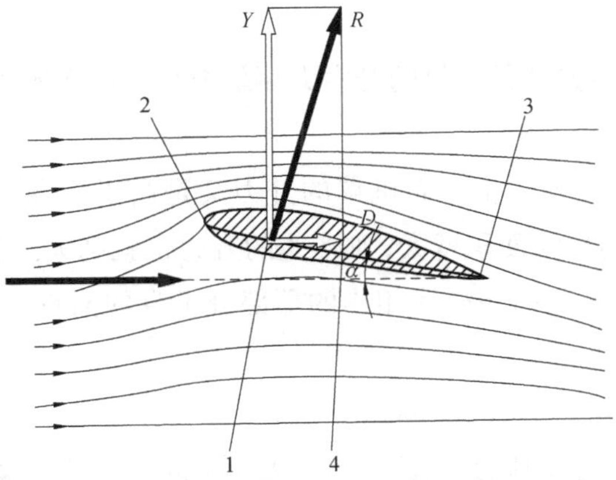

1—空气动力作用点；2—前缘；3—后缘；4—翼弦

图 2.4 翼型和作用在翼型上的空气动力

如果要想在翼型上产生空气动力，和平板一样，必须让它与空气有相对运动，或者说必须有具有一定速度的气流流过翼剖面。现在将一个翼型放在流速为 v 的气流中，如图 2.4 所示。假设翼型有一个不大的迎角 α，当气流流到翼型的前缘时，气流分成上下两股分别流经翼型的上下翼面。由于翼型的作用，当气流流过上翼面时流动通道变窄，气流速度增大，压强降低，并低于前方气流的大气压；而气流流过下翼面时，由于翼型前端上仰，气流受到阻拦，且流动通道扩大，气流速度减小，压强增大，并高于前方气流的大气压。因此，在上下翼面之间就形成了一个压强差，从而产生了一个向上的升力 Y。

机翼上产生升力的大小，与翼型的形状和迎角有很大关系，迎角不同产生的升力也不同。一般不对称的流线翼型在迎角为零时仍可产生升力，而对称翼型和平板翼型这时产生的升力却为零。

随着迎角的增大，升力也会随之增大，但当迎角增大到一定程度时，气流就会从机翼前缘开始分离，尾部会出现很大的涡流区，这时升力会突然下降，而阻力却迅速增大，这种现象称为“失速”，如图 2.5 所示。失速刚刚出现时的迎角称为临界迎角。

无人机不应以接近或大于临界迎角的状态飞行，否则会使无人机产生失速，甚至造成飞行事故。

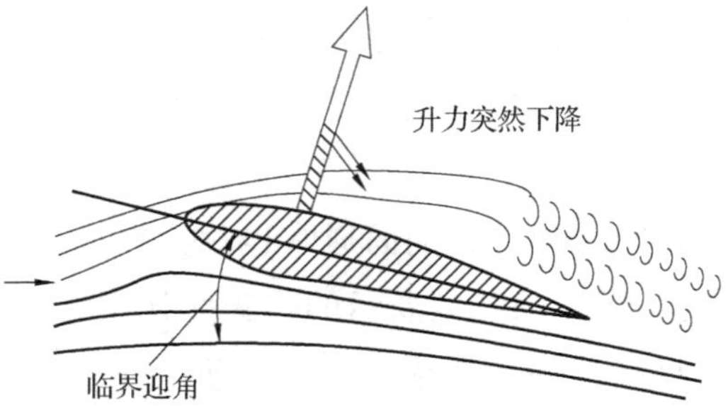

图 2.5 失速现象

3. 影响无人机升力的因素

在设计无人机时，应尽量使无人机的升力大而阻力小，这样才能获得比较好的飞行性能。

1）机翼面积的影响

无人机的升力主要由机翼产生，而机翼的升力又是由于机翼上下翼面的压强差产生的，因此，如果压强差所作用的机翼面积越大，则产生的升力也就越大。机翼面积通常用 S 来表示。需要注意的是，机翼面积应包括同机翼相连的那部分机身的面积。机翼所产生的升力与机翼面积成正比。

2）相对速度的影响

风速越大，人们所感受到的风力也就越大。无人机的空气动力也是一样，当相对速度 v 越大时，产生的空气动力也就越大，机翼上产生的升力也就越大。但升力与相对速度并不是成简单的正比关系，而是与相对速度的平方成正比。

3）空气密度的影响

无人机在高原机场和南方夏季条件下起落时，起飞、着陆滑跑距离会长一些。其原因之一是空气密度小，为了获得同样的升力，就必须相应增大起飞离地速度和着陆接地的速度。

4）机翼剖面形状和迎角的影响

机翼的剖面形状和迎角不同，产生的升力也不同。因为不同的剖面和不同的迎角会使机翼周围的气流流动状态（包括流速和压强）等发生变化，因而导致升力的改变。早期的无人机，曾采用平板和弯板翼型，随着理论研究和实践研究的不断深入，人们已经认识到翼型的重要性和它对升力所起的作用，因此设计了很多满足各种不同需要的翼型，并通过实验确定出各种不同翼型的空气动力特性。

翼型和迎角对升力的影响可以通过升力系数 C_y 表现出来。升力系数的变化反映在一定的翼型的情况下升力随迎角的变化情况，同时也说明不同的翼型有不同的升力特性。

升力的公式写为

$$Y=\frac{1}{2}C_y\rho v^2 S \tag{2.8}$$

式中：Y 为升力（单位为 N）；C_y 为升力系数；ρ 为密度（单位为 kg/m^3）；v 为速度（单位为 m/s）；S 为机翼面积（单位为 m^2）。

4. 增升装置

在设计一架无人机时，主要从无人机高速飞行或巡航飞行时的角度来确定无人机的布局参数。当无人机高速飞行或巡航飞行时，即使迎角很小，由于速度较大，因而仍能保证有足够的升力来维持无人机的水平飞行。但在低速飞行时，尤其是在起飞或着陆时，由于速度较低，即使有较大的迎角，升力仍然很小，使无人机不能正常飞行。迎角的增大是有限度的，超过临界迎角以后就会产生失速现象，给飞行造成危险。因此，需要采用增升装置，使无人机在尽可能小的速度下产生足够的升力，提高无人机的起飞和着陆性能。可以通过以下几项增升原则来进一步提高无人机的升力，即：

（1）改变机翼剖面形状，增大机翼弯度。

（2）增大机翼面积。

（3）改变气流的流动状态，控制机翼上的附面层，延缓气流分离。

无人机的增升装置通常安装在机翼的前缘和后缘部位，安装在机翼后缘的增升装置称为后缘襟翼，其应用最为广泛。图 2.6 所示是 3 种典型的后缘襟翼实例。图 2.6(a) 所示是一种最简单的襟翼，它是靠增大翼型弯度来增大升力的。当襟翼放下时，翼剖面变得更弯，因此增大了上翼面的气流速度，提高了升力，但同时阻力也随之增大，而且比升力增大得还要多，因此，增升效果不佳。另一种是后退开缝式襟翼，当襟翼打开时，其襟翼向后退的同时其前缘又和机翼后缘之间形成一条缝隙。图 2.6(b) 所示为富勒式襟翼。它有三重增升效果：一是增加了机翼弯度；二是增大了机翼面积；三是由于开缝的作用，使下翼面的高压气流以高速流向上翼面，使上翼面附面层中的气流速度增大，延缓了气流分离，起到了增升作用。后退开缝式襟翼的增升效果很好，在现代高速无人机和重型运输机上得到了广泛的应用。

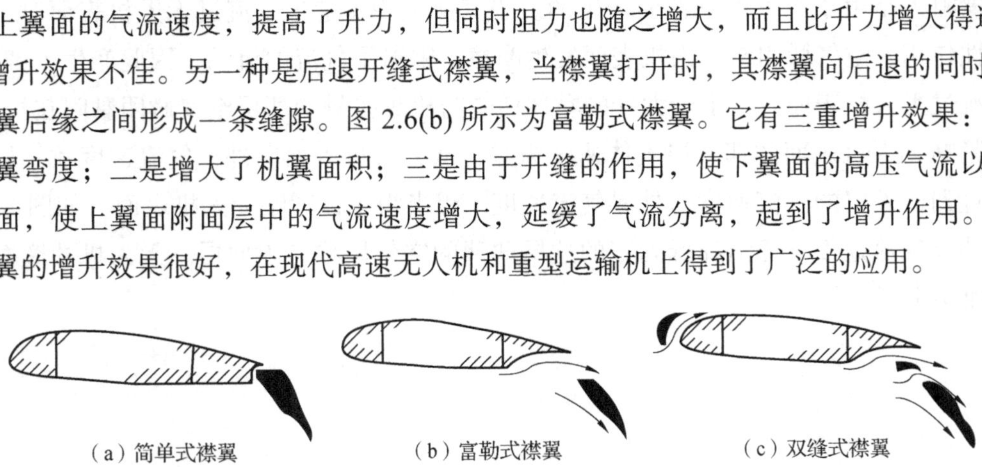

（a）简单式襟翼　（b）富勒式襟翼　（c）双缝式襟翼

图 2.6 几种典型的后缘式襟翼

图 2.6(c) 所示的双缝式襟翼是现代民用客机上广泛采用的一种增升装置。襟翼打开时，两个子翼一边向后偏转，一边向后延伸，同时，两个子翼还形成两道缝隙，它同样具有后退开缝式襟翼的三重增升效果。另外，图 2.6(c) 所示还采用了前缘缝翼增升装置，打开前缘缝翼后，下翼面的高压气流吹动主翼面上的附面层，防止气流产生分离。因此，此双缝式襟翼共有四重增升效果，增升效果甚佳。图 2.7 所示是机翼附面层控制装置示意图。图 2.7(a) 是附面层吹除装置，它可把高压空气从机翼上表面的缝隙中吹出，以高速流人附面层，增加气流的动能，提高气流的流动速度，从而推迟气流的分离，达到增升的目的。图 2.7(b) 是附面层吸取装置，它是利用吸气泵，通过机翼上表面的缝隙，吸取附面层，使其气流的速度和能量增大，同样可以延缓翼面上的主流分离。吹除装置的高压气一般由喷气发动机的压气机提供，而吸气泵的工作一般也通过喷气发动机的涡轮来带动。这两种附面层控制增升装置的增升效果都相当好。

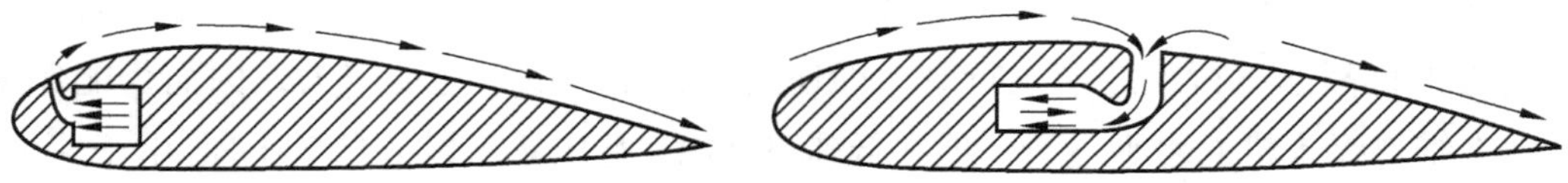

（a）　　　　　　（b）

图 2.7 附面层控制装置

2.3.2 阻力

空气与无人机做相对运动时，除产生升力外，还要产生阻碍无人机前进的阻力。固定翼无人机的阻力是指机翼、机身、尾翼等各部分阻力的总和；旋翼无人机的阻力是指空气动力在桨轴方向上的所有分量阻力的合成力。其方向与无人机的运动方向相反，与升力垂直。

无人机阻力按其产生原因的不同分为摩擦阻力、压差阻力、干扰阻力、诱导阻力和激波阻力，其中激波阻力是在无人机高速飞行中产生的，在这里不做介绍。

1. 摩擦阻力

摩擦阻力是由于大气的黏性而产生的。当气流以一定速度 v 流过无人机表面时，由于空气的黏性作用，空气微团与无人机表面发生摩擦，阻滞了气流的流动，因此产生了摩擦阻力。当气流流过无人机表面时，由于大气的黏性使它与机翼接触的那层空气微团黏附在机翼表面，因此，紧贴无人机表面的那一层气体速度为零，从无人机表面向外，气流速度才一层比一层加大，直到最外层的气流速度与外界气流速度 v 相当为止，紧贴无人机表面，如图 2.8 所示。流速由外界气流速度 v 逐渐降低到零的这层薄薄的空气层称作附面层。无人机的摩擦阻力就是在附面层中产生的。

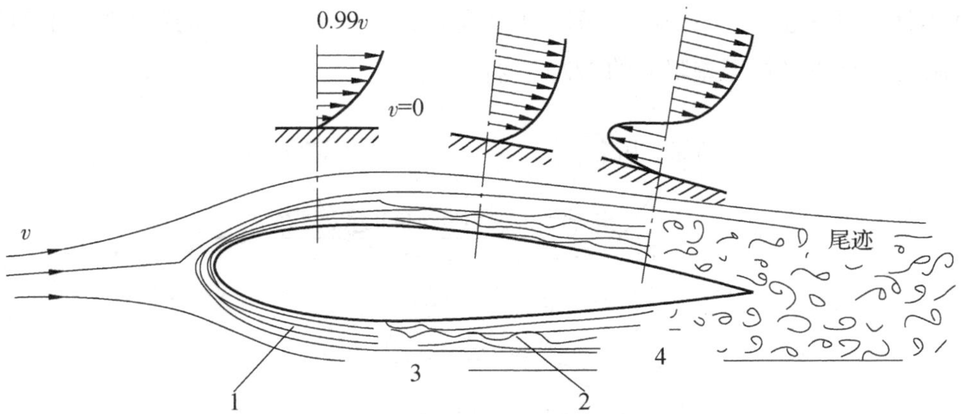

1—层流层；2—紊流层；3—转捩点；4—分离点

图 2.8 附面层示意图

通常来说，机翼在最大厚度以前，附面层的气流微团保持平行的层状运动，没有流体微团的横向运动，这一层称层流附面层。在这之后，气流运动轨迹变得越来越不规则，并出现旋涡和横向运动，这一层称作紊流附面层。层流转变为紊流的那一点称为转捩点，附面层与翼面分离的点称为分离点。在机翼的后缘部分，气流产生了大量的旋涡，形成尾迹区。实践证明，层流层的摩擦阻力小，而紊流层的摩擦阻力大。

总之，摩擦阻力的大小取决于空气的黏性、无人机表面的状况、附面层中气流的流动情况和同气流接触的无人机表面积的大小。空气的黏性越大，无人机表面越粗糙，无人机的表面积越大，则摩擦阻力越大。为了减小摩擦阻力，应在这些方面采取必要的措施。另外，用层流翼型代替古典翼型，使紊流层尽量向后移，对减小摩擦阻力也是有益的。

2. 压差阻力

如图 2.9(a) 所示，当空气从 a 点以速度 v 流过翼型时，在机翼前缘部分（b 点）由于受到翼型的阻拦，流速减慢，压强升高；在气流流到翼型最高点（c 点）的过程中，速度不断增大，因而压力不断下降。但在 c 点之后，气流不断减速，压力不断增加，不断增大的压力起到阻碍气流向后流动的作用，因而速度下降很快，使附面层厚度急剧增加。靠近翼型尾部的附面层相对起到了修改翼面外形的作用，使翼面向外“移动”，因此在翼型尾部（d 点）形成一个低压区。这样在翼型前后就形成了一个压强差，阻碍无人机的向前飞行，这个由前后压强差形成的阻力称作压差阻力。

压差阻力与物体的迎风面积有很大关系，物体的迎风面积越大，压差阻力也越大。物体的形状对压差阻力也有很大影响。如果把一个圆形平板垂直地放在气流中，由于气流受到平板前面的阻拦，平板前面压强迅速升高，而在平板后面形成了低压区，因此会产生很大的压差阻力。如果在圆形平板前加一个圆锥体，平板前面的高压区被圆锥体填满了，如图 2.9(b) 所示，气流可以平滑地流过，压强不会急剧升高，虽然平板后面的低压区仍存在，但前后压强差却大大减小，其压差阻力降为原平板压差阻力的 1/5 左右。如果在圆形平板后面再加一个细长的圆锥体，低压区也被填满，如图 2.9(c) 所示，整个流线体后面只出现很少的旋涡，此时的压差阻力只是原平板压差阻力的 1/20 左右。

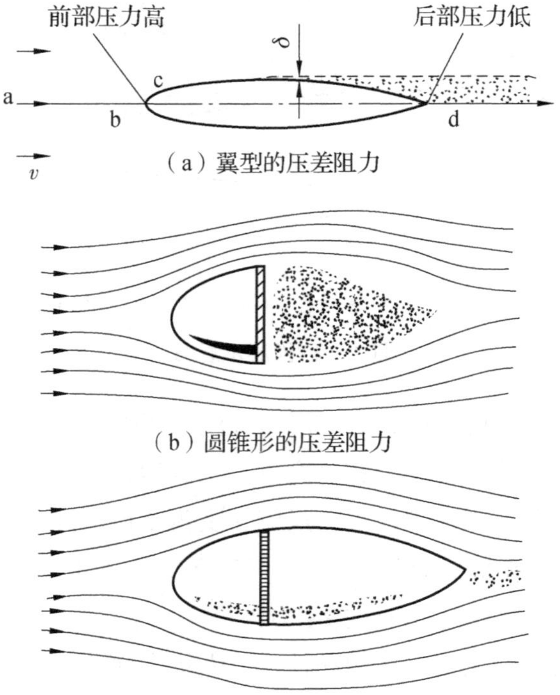

（a）翼型的压差阻力

（b）圆锥形的压差阻力

（c）低压区被填满

图 2.9 压差阻力的产生及物体形状对压差阻力的影响

因此，为了减小无人机的压差阻力，应尽量减小无人机的最大迎风面积，并对无人机的各部件进行整流，做成流线形，有些部件如活塞式发动机的机头应安装整流罩。

3. 诱导阻力

诱导阻力是伴随着升力而产生的，如果没有升力，诱导阻力也就等于零。因此，这个由升力诱导而产生的阻力称作诱导阻力，又称作升致阻力。

无人机的诱导阻力主要来自翼面，当无人机飞行时，下表面压强大，上表面压强小，由于机翼翼展的长度有限，因此，下表面的气流就力图绕过翼尖流向上表面，如图 2.10 所示，这样在翼尖处就不断形成旋涡。随着无人机向前飞行，旋涡从翼尖向后流去，并产生向下的下洗流 ω，在下洗流的作用下，原来的气流速度由 v 变为 v'，如图 2.11 所示，由下洗流 v' 所产生的升力 Y' 是垂直于 v' 的。而 Y' 又可分解为垂直于 v 的分量 Y 和平行于 v 的分量 D。其中 Y 起着升力的作用，而 D 则起着阻碍无人机飞行的作用，因此，由于下洗流的影响产生的这个附加的阻力就是诱导阻力。

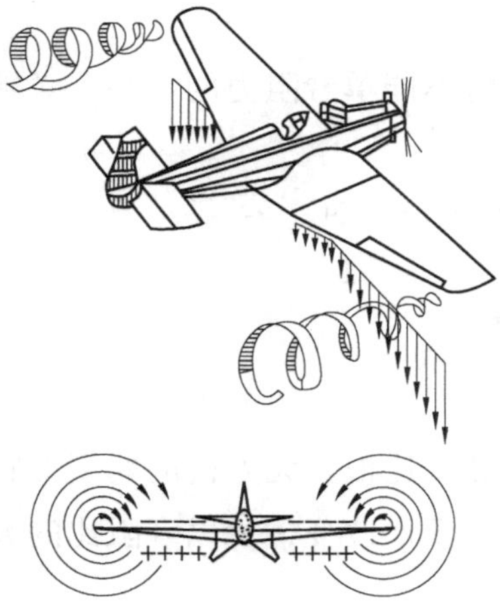

图 2.10 气流绕翼尖的流动情况

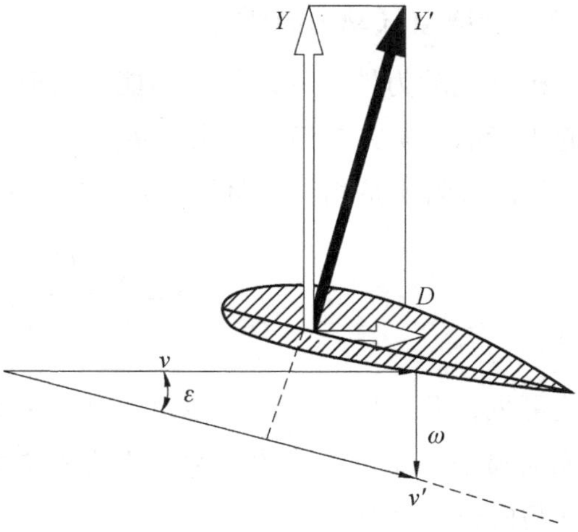

图 2.11 诱导阻力的产生

诱导阻力与机翼的平面形状、翼剖面形状、展弦比等有关。可以通过增大展弦比，选择适当的平面形状（如椭圆形的机翼平面形状），增加翼梢小翼等来减小诱导阻力。

4. 干扰阻力

无人机的各个部件，如机身、机翼和尾翼等单独放在气流中所产生的阻力总和并不等于它们组合在一起所产生的阻力，而往往是后者大于前者。所谓干扰阻力就是无人机各部件组合到一起后由于气流的相互干扰而产生的一种额外阻力。

如图 2.12 所示，当把机翼和机身组合到一起时，机身和机翼之间就形成了一个先收缩后扩张的通道。根据连续性定理和伯努利方程，气流在流动的过程中压强就会由小变大，因此，导致后边的气流有往前回流的趋势，并形成一股逆流。这股逆流不会间断，与通道流过来的气流相遇，产生很多旋涡。这些旋涡表明气流流动的动能有了消耗，因而产生了一种额外的阻力。这一阻力是由于气流的相互干扰产生的，因此称作干扰阻力。

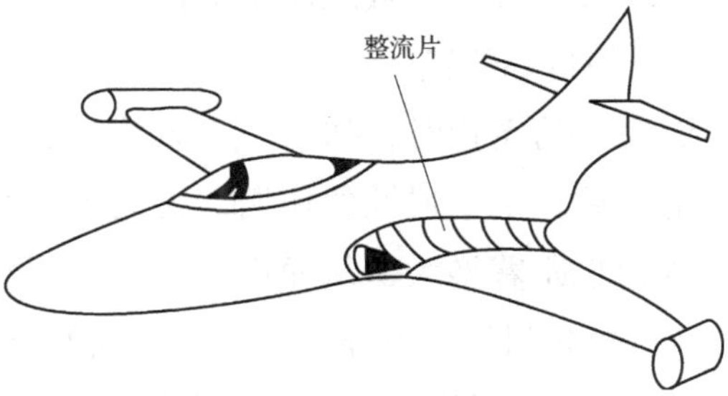

图 2.12 干扰阻力的产生

干扰阻力和无人机不同部件之间的相对位置有关，因此，在设计时要妥善地考虑和安排各部件的相对位置，必要时在这些部件之间加装流线形的整流片，使连接处圆滑过渡，尽量减小旋涡的产生。

高速无人机飞行时所产生的阻力，除了以上 4 种阻力之外，还有激波阻力。

2.3.3 低速空气动力特性

无人机空气动力性能的好坏，不能单看升力的大小，也不能单看阻力的大小，必须将它们综合起来考虑，研究它们的对比关系。

无人机的升阻比是相同迎角下，升力与阻力之比，用 K 表示。即

$$K=\frac{X}{Y}=\frac{C_y\cdot\frac{1}{2}\rho V^2S}{C_x\cdot\frac{1}{2}\rho V^2S}=\frac{C_x}{C_y} \tag{2.9}$$

由此可见，升阻比也是同一迎角下升力系数和阻力系数的比值。无人机的翼型形状和无人机表面质量是一定的，升力系数和阻力系数大小主要随迎角而改变，所以升阻比的大小也主要随迎角的改变而改变。

如果以升力系数作为纵坐标，阻力系数作为横坐标，把无人机的升力系数和阻力系数随迎角变化的关系综合地用一条曲线表示出来，此曲线就是无人机的空气动力曲线，称为极线。

无人机极线上每一点代表了一个迎角，其横、纵坐标分别表示该迎角下升力系数和阻力系数的大小。

2.4 无人机的稳定性和操纵性

2.4.1 固定翼无人机的稳定性和操纵性

无人机的稳定性是指在飞行中无人机受到扰动偏离原来平衡状态，扰动消失后，不经操控靠自身性能自动恢复到原来平衡状态的能力。

1. 固定翼无人机的稳定性

1）纵向稳定性（俯仰稳定性）

无人机的纵向稳定性由无人机重心在焦点之前来保证。影响无人机纵向稳定性的主要因素有无人机的水平尾翼和无人机的重心位置。

当无人机以一定的攻角做稳定的飞行时，如果一阵风从下吹向机头，使无人机机翼的攻角增大，无人机抬头。阵风消失后，由于惯性的作用，无人机仍要沿原来的方向向前冲一段路程。这时由于水平尾翼的攻角也跟着增大，从而产生了一个低头力矩。无人机在这个低头力矩作用下，使机头下沉。经过短时间的上下摇摆，无人机就可恢复到原来的飞行状态。

除水平尾翼外，无人机的重心位置对纵向稳定性也有较大的影响。重心靠后的无人机，其纵向稳定性要比重心靠前的差。其原因是重心与焦点距离小攻角改变时产生的附加力矩减小。对于重心靠后的无人机，当无人机受扰动而增大攻角时，机翼产生的附加升力是使机头上仰，攻角进一步增大，形成不稳定力矩。这时主要靠水平尾翼的附加升力，使机头下俯，攻角减小，以保证无人机的纵向稳定性。

2）方向稳定性

无人机的方向稳定性是指无人机绕立轴的稳定性。无人机的方向稳定力矩是在侧滑中产生的。所谓侧滑是指无人机的对称面与相对气流方向不一致的飞行。它是一种既向前、又向侧方的运动。

3）侧向稳定性

无人机的侧向稳定性是指无人机绕纵轴的稳定性。处于稳定飞行状态下的无人机，如果有一个小的外力干扰，使机翼一边高一边低，无人机绕纵轴发生倾侧。当外力取消后，无人机靠本身产生一个恢复力矩，自动恢复到原来飞行状态，而不靠驾驶员的帮助，这架无人机就是侧向稳定的，否则就是侧向不稳定。保证无人机侧向稳定性的因素主要有机翼的上反角和后掠角。

2. 固定翼无人机操纵性

1）纵向操纵

无人机的纵向操纵是指控制无人机绕横轴的俯仰运动。它是通过控制升降舵向下或向上偏转，来实现无人机纵向操纵的目的。

2）方向操纵

无人机的方向操纵是指无人机绕立轴的偏航运动。通过操纵无人机的方向舵使其向左右偏转，来实现无人机的纵向操纵。

3）侧向操纵

无人机的侧向操纵是指无人机绕纵轴的滚转运动。

2.4.2　无人直升机的稳定性和操纵性

1）旋翼无人机静稳定性

旋翼无人机在做定常直线飞行过程中可能遇到各种瞬时扰动作用（如阵风扰动、重量、重心的变化等），使旋翼无人机的平衡飞行状态遭到破坏。平衡状态被破坏瞬间的旋翼无人机运动趋势称作旋翼无人机的静稳定性。如果旋翼无人机受到外界瞬时扰动作用后不经自动驾驶仪操纵的干预具有自动恢复原来平衡状态的趋势，则称旋翼无人机是静稳定的；反之，在外界瞬时扰动后旋翼无人机有扩大偏离平衡状态的趋势,则称旋翼无人机是静不稳定的。此外，第三种可能的情况是旋翼无人机受到瞬时扰动作用后既无扩大偏离，又无恢复原来平衡状态的趋势，则称旋翼无人机是中性稳定的。

2）旋翼无人机动稳定性

旋翼无人机的动稳定性是指做定常飞行的旋翼无人机受到扰动而偏离其平衡状态后，在由此而产生的力和力矩作用下所发生的运动性质。可分为以下几种情况：

① 动稳定的旋翼无人机受扰而偏离原平衡位置，当干扰因素消失后，其运动为减幅振荡（阻尼振荡），或为单调衰减（非周期）运动。

② 动不稳定的旋翼人机受扰而偏离原平衡位置，当干扰因素消失后，其运动为增幅振荡

（发散振荡），或为单调发散（非周期）运动。

③ 中性动稳定的旋翼无人机受扰而偏离原平衡位置，当干扰因素消失后，其运动为等幅振荡（简谐振荡），或保持运动参数为常值。

2. 无人直升机的操纵性

操纵性是研究旋翼无人机在自动驾驶仪操纵后的飞行状态改变的动态过程。该过程是非定常过程，其运动特性随时间呈不规则的随机性变化。旋翼无人机操纵特性与操纵输入量有关，该操纵输入控制着旋翼无人机从某一飞行状态过渡到另一飞行状态。

通常用两个术语来进一步定义操纵性、操纵功效和操纵灵敏度。操纵功效指的是为了从定常配平飞行状态做机动或者为了补偿大的突风扰动，自动驾驶仪可以利用的总的力或者力；操纵灵敏度是单位操纵运动所产生的飞行器加速度或者定常速度。在确定操纵的精确度时，灵敏度有重要的意义。

旋翼无人机的纵向和横向操纵力矩是自动驾驶仪通过伺服机构改变自动倾斜器的倾斜角来实现的。而旋翼无人机的航向操纵力矩则是自动驾驶仪通过伺服机构改变尾桨桨距来实现的。旋翼无人机的操纵功效较大，则旋翼无人机重心可以有较宽的变化范围，或者可以减小自动倾斜器的操纵倾角。当旋翼以及尾桨离旋翼无人机重心的垂直距离较大时，显然操纵功效较大，因此，一般采用降低旋翼无人机重心的方法增大操纵功效。此外，适当增大桨叶挥舞铰离桨毂中心的外伸量也可以增大操纵功效，显然无铰旋翼的操纵功效较大。

2.4.3 多旋翼无人机的稳定性和操纵性

1. 结构形式

旋翼对称分布在机体的前、后、左、右四个方向，四个旋翼处于同一高度平面，且四个旋翼的结构和半径都相同，四个电动机对称地安装在飞行器的支架端，支架中间空间安放飞行控制计算机和外部设备。多旋翼无人机结构图如图 2.13 所示。

2. 工作原理

四旋翼飞行器通过调节四个电动机转速来改变旋翼转速，实现升力的变化，从而控制飞行器的姿态和位置。四旋翼飞行器是一种六自由度的垂直升降机，只有四个输入力，同时却有六个状态输出，所以它又是一种欠驱动系统。

四旋翼飞行器的电动机 1 和电动机 3 逆时针方向旋转的同时，电动机 2 和电动机 4 顺时针方向旋转，因此当飞行器平衡飞行时，陀螺效应和空气动力扭矩效应均被抵消。

在图 2.14 中，电动机 1 和电动机 3 逆时针方向旋转，电动机 2 和电动机 4 顺时针方向旋转，规定沿 X 轴正方向运动称为向前运动，箭头在旋翼的运动平面上方表示此电动机转速提高，在下方表示此电动机转速下降。

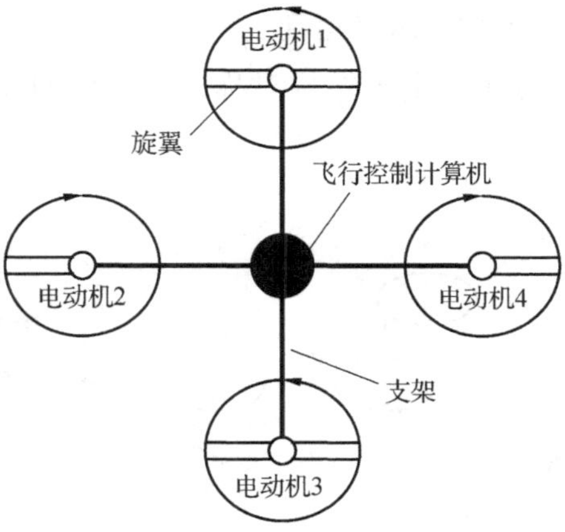

图 2.13 多旋翼无人机结构图

1）垂直运动：同时增加四个电动机的输出功率，旋翼转速增加使得总的拉力增大，当总拉力足以克服整机的重量时，四旋翼飞行器便离地垂直上升；反之，同时减小四个电动机的输出功率，四旋翼飞行器则垂直下降，直至平衡落地，实现了沿 Z 轴的垂直运动。当外界扰动量为零时，在旋翼产生的升力等于飞行器的自重时，飞行器便保持悬停状态。

2）俯仰运动：在图 2.14(b) 中，电动机 1 的转速上升，电动机 3 的转速下降（改变量大小应相等），电动机 2、电动机 4 的转速保持不变。由于旋翼 1 的升力上升，旋翼 3 的升力下降，产生的不平衡力矩使机身绕 Y 轴旋转，同理，当电动机 1 的转速下降，电动机 3 的转速上升，机身便绕 Y 轴向另一个方向旋转，实现飞行器的俯仰运动。

3）滚转运动：与图 2.14(b) 的原理相同，在图 2.14(c) 中，改变电动机 2 和电动机 4 的转速，保持电动机 1 和电动机 3 的转速不变，则可使机身绕 X 轴旋转（正向和反向），实现飞行器的滚转运动。

4）偏航运动：旋翼转动过程中由于空气阻力作用会形成与转动方向相反的反扭矩，为了克服反扭矩影响，可使四个旋翼两个正转、两个反转，且对角线上的各个旋翼转动方向相同。反扭矩的大小与旋翼转速有关，当四个电动机转速相同时，四个旋翼产生的反扭矩相互平衡，四旋翼飞行器不发生转动；当四个电动机转速不完全相同时，不平衡的反扭矩会引起四旋翼飞行器转动。在图 2.14(d) 中，当电动机 1 和电动机 3 的转速上升，电动机 2 和电动机 4 的转速下降时，旋翼 1 和旋翼 3 对机身的反扭矩大于旋翼 2 和旋翼 4 对机身的反扭矩，机身便在富余反扭矩的作用下绕 Z 轴转动，实现飞行器的偏航运动，转向与电动机 1、电动机 3 的转向相反。

5）前后运动：要想实现飞行器在水平面内前、后、左、右的运动，必须在水平面内对飞行器施加一定的力。在图 2.14(e) 中，增加电动机 3 转速，使拉力增大，相应减小电动机 1 转速，使拉力减小，同时保持其他两个电动机转速不变，反扭矩仍然要保持平衡。按图 2.14(b) 的理论，飞行器首先发生一定程度的倾斜，从而使旋翼拉力产生水平分量，因此可以实现飞行器的前飞运动。向后飞行与向前飞行正好相反（在图 2.14(b) 和图 2.14(c) 中，飞行器在产生俯仰、翻滚运动的同时也会产生沿 X、Y 轴的水平运动）。

6）倾向运动：在图 2.14(f) 中，由于结构对称，所以倾向飞行的工作原理与前后运动完全一样。

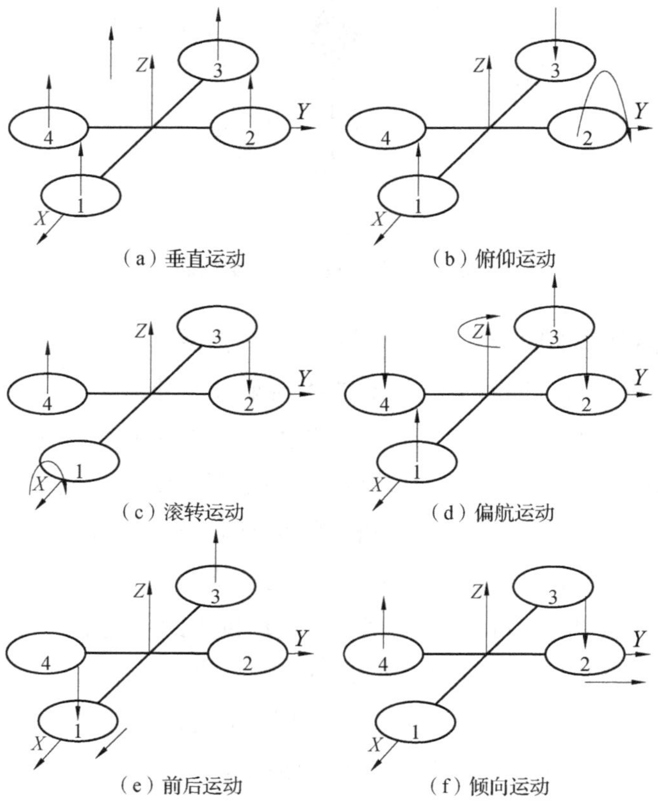

图 2.14 多旋翼飞行器沿各自由度运动

第 3 章

无人机航空摄影安全操控

通过学习本章，理解无人机航空摄影安全作业基本要求、作业流程与注意事项，熟悉固定翼无人机的操控方法，掌握多旋翼无人机的操控方法，了解多旋翼无人机智能航测软件的功能。

3.1 无人机航空摄影安全作业及基本要求

3.1.1 飞行安全的定义

飞行安全是指航空器在运行过程中，不出现由于运行失当或外来原因而造成航空器上的人员或者航空器损坏的事件。事实上，由于航空器的设计、制造与维护难免有缺陷，其运行环境（包括起降场地、运行空域、助航系统、气象情况等）又复杂多变，机组人员操纵也难免出现失误等原因，往往难以保证绝对的安全。

3.1.2 安全作业的重要性

无人机属于航空器，具有高使用风险性。无人机的不规范使用会危及国家和公共安全。飞行事故有可能造成人身伤害，以及较大的经济损失。所以需要高度重视无人机的安全作业，尽量规避无人机应用的风险。

无人机作业时必须执行国家相关管理规定，进行航空管制协调与申报，对人员操控技能进行培训。

3.1.3 技术准备

进行无人机航空摄影（简称航摄）之前，需要进行技术准备。技术准备工作主要包括资料收集、技术设计两方面。

1. 资料收集

资料收集内容主要有：图件与影像资料（地形图、规划图、卫星影像、航摄影像等），地形地貌，气候条件，机场，重要设施，等。

资料收集目的是：① 确定设备能否适应摄区环境；② 判断是否具备空域条件；③ 用于航摄技术设计；④ 制定详细的项目实施方案。

收集资料时，工作人员需对摄区或摄区周围进行实地踏勘，采集地形地貌、地表植被，以及周边的机场、重要设施、城镇布局、道路交通、人口密度等信息，为起降场地的选取、航线规划、应急预案制订等提供资料。实地踏勘时，应携带手持或车载 GNSS 设备，记录起降场地和重要目标的坐标位置，结合已有的地图或影像资料，计算起降场地的高程，确定相对于起降场地的航摄飞行高度。

2. 技术设计

技术设计要求：① 飞行高度应高于摄区和航路上最高点 100 m 以上；② 总航程应小于无人机能到达的最远航程；③ 根据地面分辨率、航摄范围的要求，设计航摄时间、航线布设、影像重叠度、分区等。

3.1.4 设备器材选用

根据航摄任务性质和工作内容，选择所需的飞行设备器材，其规格型号、数量和技术性能指标应满足航摄任务的要求。

设备性能指标要满足航摄项目要求，设备器材及备品、备件准备要充足，应对选用的设备进行检查和调试，使其处于正常状态。

3.1.5 场地选取

1. 常规航摄作业

根据无人机的起降方式，寻找并选取适合的起降场地，常规航摄作业，起降场地应满足以下要求：

① 距离军用、商用机场须在 10 km 以外；

② 起降场地相对平坦，通视良好；

③ 远离人口密集区，半径 200 m 范围内不能有高压线、高大建筑物、重要设施等；

④ 地面应无明显凸起的岩石块、土坎、树桩、水塘、大沟渠等；

⑤ 附近应无正在使用的雷达站、微波中继、无线通信等干扰源，在不能确定的情况下，应测试信号的频率和强度，如对系统设备有干扰，须改变起降场地；

⑥ 无人机采用滑跑起飞、滑行降落的，滑跑路面条件应满足其性能指标要求。

2. 应急航摄作业

灾害调查与监测等应急性质的航摄作业，在保证飞行安全的前提下，起降场地要求可适当放宽。

3.1.6 飞行流程

一般飞行流程如图 3.1 所示。

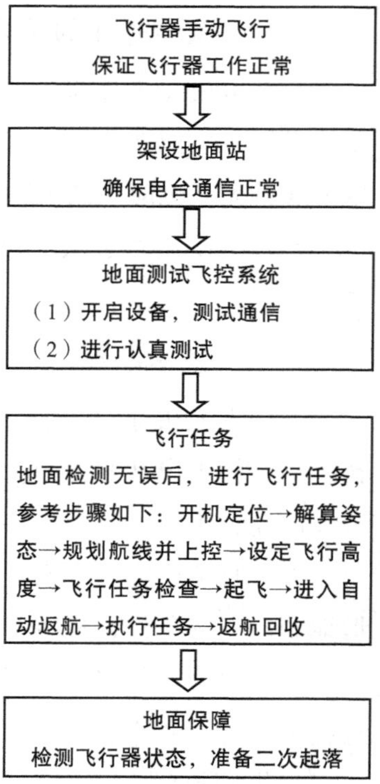

图 3.1 飞行流程图

3.2 固定翼无人机操控

1. 电磁干扰源测试

飞行前，注意观察飞行区域周边电磁干扰源情况，进行这项工作的原因如下。首先，现在主流的飞行器无线电遥控设备采用 2.4 GHz 频段，现在家用的无线路由器均采用 2.4 GHz 频段，发射功率虽然不高，但城市区的路由器数量大，难免会干扰遥控器的无线操控，导致失控。

其次，为保证手机信号的覆盖率，国内三大电信运营公司（电信、移动、联通），在城中或乡镇地区密集建设地面基站网络。虽然此无线发射信号的频率和无人机遥控设备的频率相差较大，但由于地面基站发射功率较大，无人机靠近时，直接影响飞行控制的正常工作。

最后，部分较大型无线电设备直接影响飞行，如雷达、广播电视信号塔、高压线（电弧区）等。

2. 气象资料收集

飞行前，注意气象观察。影响无人机飞行的气象环境主要包括：风速，雨雪，大雾，空气密度，大气温度，等。

① 风速：建议飞行风速在 4 级（5.5 ~ 7.9 m/s）以下，遇到楼房建筑或者峡谷等地段，应注意突风现象。通常，起飞重量越大，抗风性越好。

② 雨雪：首先，市面上多数无人机设备无防水功能，故雨雪形成的水滴会影响无人机电子电路部分，导致短路或漏电；其次，无人机的机械结构部分零件为铁或钢等金属材料，进水后会被腐蚀或生锈，影响机械运动正常进行。

③ 大雾：主要影响操纵人员的视线和镜头画面，难以判断实际安全距离。

④ 空气密度：随着海拔高度的增加，大气层空气密度减小。在空气密度较低的环境中飞行，无人机转速增加，电流增大，导致续航时间减少。

⑤ 大气温度：飞行环境温度非常重要，主要是不利于电机、电池、电调等散热，因为大多数无人机采用风冷自然散热，环境温度与无人机温度相差越小，无人机散热越慢。

3. 飞行前检查

每次飞行前，须仔细检查设备的状态是否正常。检查工作应按照检查内容逐项进行，对直接影响飞行安全的无人机的动力系统、电气系统、执行机构及航路点数据等应重点检查。每项内容须两名操作员同时检查或交叉检查。飞行前检查的主要内容如下。

① 无人机的检查：部件的衔接是否牢靠（检查螺旋桨和电机是否安装正确和稳固，并确认正旋和反旋螺旋桨安装位置正确。检测时切勿贴近或接触旋转中的电机或螺旋桨，避免被螺旋桨割伤），布线是否安全，机载设备是否工作正常（遥控器、电池及所有部件应供电量充足）。

② 遥控器的检查：遥控器操控模式（美国手、日本手、中国手等）、信号连接情况、电量是否充足、各键位是否复位、天线位置等。

③ 地面的检查：地面通信、操作系统（地面站）工作是否正常。

④ 环境的检查：周围环境是否适合作业［恶劣天气下请勿飞行，如大风（风速五级及以上）、

下雪、下雨、有雾天气等］及起降场地是否合理（选择开阔、周围无高大建筑物的场所作为飞行场地。大量使用钢筋的建筑物会影响指南针工作，而且会遮挡 GNSS 信号，导致飞行器定位效果变差，甚至无法定位），空域有无申报。

无人机的检查，包括外观机械部分检查、电子部分检查，以及上电后的检查，具体操作如下。

1）外观机械部分检查。

① 上电前应先检查机械部分相关零部件的外观，检查螺旋桨是否完好、表面是否有污渍和裂纹等（如有损坏应更换新螺旋桨，以防止在飞行中无人机振动太大导致意外）。检查螺旋桨旋向是否正确、安装是否紧固，用手转动螺旋桨查看旋转是否有干涉，等。

② 检查电机安装是否紧固、有无松动等现象（如发现电机安装不紧固，应停止飞行，使用相应工具将电机安装固定好），用手转动电机，查看电机旋转是否有卡涩现象、电机线圈内部是否干净、电机轴有无明显的弯曲。

③ 检查机架是否牢固、螺丝有无松动现象。

④ 检查飞行器电池安装是否正确、电池电量是否充足。

⑤ 检查飞行器的重心位置是否正确。

2）电子部分检查。

① 检查各个接头是否紧密，检查插头不焊接部分是否有松动、接触不良等现象（杜邦线，XT60，T 插头，香蕉头，等）。

② 检查各电线外皮是否完好、有无刮擦脱皮等现象。

③ 检查电子设备是否安装牢固，应保证电子设备清洁、完整，并做好防护（如防水、防尘等）。

④ 检查电子罗盘指向是否和飞行器机头指向一致。

⑤ 检查电池有无破损、鼓包胀气、漏液等现象。

⑥ 检查地面站是否可通信，地面站屏幕触屏是否良好，各界面操作是否正常。

3）上电后的检查

① 上电后，地面站与无人机进行配对，点按地面站设置里的“配对”前，先插电源负极，点接“配对”后插上正极，地面站显示“配对”即可。

② 电池接插方法，要注意是串联电路还是并联电路，以免出错，导致电池烧坏或飞控烧坏。

③ 配对成功以后，先不装桨叶，解锁后轻微推动油门，观察各个电机是否旋转正常。

④ 检查电调指示音是否正确，LED 指示灯闪烁是否正常。

⑤ 检查各电子设备有无异常情况（如异常振动、异常声音、异常发热等）。

⑥ 确保电机运转正常后，可进行磁罗盘的校准，点接地面站上的“磁罗盘校准”开始校准，校准方法见无人机使用手册。

⑦ 打开地面站，检查手柄设置是否正确、超声波是否禁用、无人机的参数设置是否符合要求。

⑧ 测试飞行，以及航线试飞，观察无人机在走航线的过程中是否需要对规划好的航线进

行修改。

⑨ 试飞过程中，务必提前观察无人机运行灯的状态，以及地面站所显示的 GNSS 卫星数，及时做出预判。

⑩ 飞行的遥控距离为无人机左右两侧 6 ~ 7 m，避免站在无人机机尾的正后方。

⑪ 完成以后，根据当天天气情况，通电让 GNSS 适应当前气象条件，以便无人机在作业时适应天气完美飞行。

⑫ 起飞前必须确定 GNSS 卫星数达到 6 颗或 6 颗以上，周边情况正常后，方可进行起飞作业。

4. 航线规划、航线控制与航线修正

要想完成无人机飞行任务，必须进行航线规划、航线控制和航线修正，下面简单介绍。

1）航线规划

在无人机飞行任务规划系统中，飞行航线指的是无人机相对地面或水面的轨迹，是一条三维的空间曲线。航线规划是指在特定约束条件下，寻找运动体从初始点到目标点满足预定性能指标最优的飞行航线。

航线规划的目的是利用地形和地物信息，规划出满足任务规划要求的相对最优的飞行轨迹。航线规划中采用地形跟随、地形回避和威胁回避等策略。

航线规划需要各种技术，如现代飞行控制技术、数字地图技术、优化技术、导航技术及多传感器数据融合技术等。

航线规划步骤如下：

① 从任务说明书中了解本次任务，包括上级部署的航线、飞行参数、动作要求；

② 给出航线规划的任务区域，确定地形信息、威胁源分布状况及无人机的性能参数等限制条件；

③ 对航线进行优化，满足无人机的最小转弯半径、飞行高度、飞行速度等约束条件；

④ 根据任务说明书的内容，以及上级指定的航线，在电子地图上画出整个飞行路线。

2）航线控制

当无人机装载了参考航线后，无人机上的飞行航线控制系统使其自动按预定参考航线飞行，航线控制是在姿态角稳定回路的基础上再加上一个位置反馈构成的。其工作过程如下：在无线信道畅通的条件下，由 GNSS 实时提供无人机的经度和纬度，结合遥测数据链提供的无人机高度，将其与预定航线比较，得出无人机相对航线的航路偏差，再由飞行控制计算机计算出无人机靠近航线飞行的控制量，并将控制量发送给无人机的自动驾驶系统，机上执行机构控制无人机按航线偏差减小的方向飞行，逐渐靠近航线，最终实现无人机按预定航线的自动飞行，从而完成预定的飞行任务。

3）航线修正

在任务区域内执行飞行任务时，无人机是按照预先指定的任务要求执行一条参考航线，可根据需要适时调整和修正参考航线。由于在执行任务阶段对参考航线的调整只是局部的，所以在地面准备阶段进行的航线规划对于提高无人机执行任务的效率至关重要。

3.2.2 飞行操控

1. 起飞操控

（1）无人机常用起飞方法

1）滑跑起飞。

对于滑跑起飞的无人机，起飞时将无人机航向对准跑道中心线，然后启动发动机。无人机从起飞线开始滑跑加速，在滑跑过程中逐渐抬起前轮。当达到离地速度时，无人机开始离地爬升，直至达到安全高度。整个起飞过程分为地面滑跑和离地爬升两个阶段。

2）母机投放。

母机投放是使用有人驾驶机把无人机带上天，然后在适当位置投放起飞的方法，也称空中投放。这种方法简单易行，成功率高，并且还可以增加无人机的航程。

用来搭载无人机的母机，需要进行适当改装，比如在翼下增加几个挂架、在母机内部增设通往无人机的油路、气路和电路。实际使用时，母机可以把无人机带到任何无法使用其他起飞方法到达的位置进行投放。

3）火箭助推。

无人机借助固体火箭助推器从发射架上起飞的方法称为火箭助推。这种起飞方法是现代战场上广泛使用的一种机动式发射起飞方法，有些小型无人机也可以不使用火箭助推器，而采用压缩空气弹射器来弹射起飞。

无人机的发射装置通常由带有导轨的发射架、发射控制设备和车体组成，由发射操作手进行操作。发射时，火箭助推器点火，无人机的发动机也同时启动，无人机加速从导轨后端滑至前端。离轨后，火箭助推器会继续帮助无人机加速，直到舵面上产生的空气动力能够稳定控制无人机时，火箭助推器任务完成，自动脱离。之后，无人机便依靠自己的发动机维持飞行。

4）车载起飞。

车载起飞是将无人机装在一辆起飞跑车上，然后驱动并操纵起飞跑车在跑道上迅速滑跑，随着速度增大，作用在无人机上的升力也增大，当升力达到足够大时，无人机便可以腾空而起。

无人机可以使用普通汽车作为起飞跑车，也可以使用专门的起飞跑车。有一种起飞跑车，车本身无动力，靠无人机的发动机来推动。还有一种起飞跑车，在车上装有一套自动操纵系统，它载着无人机在跑道上滑跑，并掌握无人机的离地时机。

车载起飞的优点是可以选用现成的机场起飞，不需要复杂、笨重的起落架，起飞跑车结构简单，比其他起飞方法更经济。

（2）滑跑与拉起

滑跑与拉起在整个飞行过程中是非常短暂的，但是非常重要，决定飞行的成败。所以，在飞行操作之前，必须将各个操作步骤程序化，才能在短暂的数秒中完成多个操作动作。下面简单介绍滑跑与拉起的动作要求。

1）滑跑。

在整个地面滑跑过程中，保持中速油门，拉 10° 的升降舵。缓慢平稳地将油门加到最大，等待无人机达到一定速度。

2）拉起。

拉起包括起飞和转弯两个操作步骤。

① 起飞。在无人机达到一定速度时，自行离地。在离地瞬间，将升降舵平稳回中，让机翼保持水平飞行，等待无人机爬升到安全高度。

② 转弯。当无人机爬升到安全高度时，进行第一个转弯，将油门收到中位，然后水平转弯。调整油门，让无人机保持水平飞行，进入航线（不管油门设在什么位置，都要注意让无人机在第一次转弯时保持水平飞行，以防止转弯后出现波状飞行）。

（3）进入水平飞行状态

① 控制飞行轨迹。无人机起飞后有充分的时间对油门进行细致的调整，以保持无人机水平飞行。但是在进行油门调整之前，首先要保证能够控制好无人机的飞行轨迹。

② 开始水平飞行。从转弯改出（改出是让无人机从非正常飞行状态下经操作进入正常飞行状态的过程）后，进入顺风边飞行。此时不要急于调整油门，只有在操纵无人机飞行一段时间后，发现无人机一直持续爬升或下降，才需要进行油门的调整。在进行油门调整时需要注意的是：在做完一次调整之后，要先操纵无人机飞一会儿，观察一下飞行状态，然后再决定是不是需要对油门继续做进一步的调整。

2. 飞行航线操控

飞行航线操控一般分为手动操控与地面站操控两种方式。手动操控用于起飞和降落阶段，地面站操控用于作业阶段。

（1）手动操控

1）直线飞行与航线调整。

细微的航线调整及维持直线飞行是通过“点碰”（轻触）副翼的动作来进行的。就像开车一样，大多数人刚开始学习开车的时候，通常都是死死握住方向盘不放，使其长时间地处在修正上次误差的位置上。而熟练驾驶之后，就会变得放松而自信，只需一次次地轻打方向盘，就能保持直线行驶，同时还能减少对行驶方向进行修正的次数。同理，在操控无人机时，不管是要保持直线航行，还是要对航线进行细微调整，只需轻轻“点碰”副翼再放松回到回中状态，即可减轻过量操纵的问题，从而达到非常精确的控制。经过反复练习之后，这种点碰副翼的动作会变得非常细微而准确，使航线变得非常平滑，也使无人机的操纵变得得心应手。

2）转弯与盘旋。

① 转弯操控。操纵无人机转弯的步骤如下。

a）压坡度：利用副翼将机翼向要转弯的方向横滚倾斜。

b）回中：将副翼操纵杆回中，使机体不再进一步倾斜。

c）转弯：立即拉升降舵并一直拉住，使无人机转弯，同时防止无人机在转弯过程中掉高度。

d）回中：将升降舵操纵杆回中，以停止转弯。

e）改出：向反方向打副翼，使机翼恢复到水平状态。

f）回中：在机翼恢复水平的瞬间将副翼回中。

副翼偏转幅度的大小决定转弯的角度，也决定了拉升降舵的幅度。转弯以“回中”状态作为标志点。如果每次转弯都从回中状态开始，并且在两次操纵动作之间再回到回中状态，那么就可以形成一个“标志点”。利用这个“标志点”，可以精确计量出每次操纵幅度的大小，从而就能够更容易地再现正确的操纵幅度。

② 180° 水平转弯。副翼的操纵幅度较小，因而无人机飞的坡度也较小，转弯也较缓，同时拉升降舵的幅度也要较小，以保证无人机在转弯过程中维持水平。

③ 360° 盘旋。360° 盘旋是 180° 水平转弯的延伸。只需一直拉住升降舵，即可很容易地完成该动作。副翼的操纵幅度较大，因而无人机的坡度也较大，转弯也较急；同时拉升降舵的幅度也要较大，以保证无人机在转弯过程中维持水平。

3）高度控制与改出。

① 通过油门控制高度。油门控制在大约 1/4 的位置，此时无人机的速度比较理想，既可以让无人机获得足够的速度来保持水平飞行，同时又不会飞得太快。如果想改变飞行高度，正确方法是：若要让无人机爬升，则将油门加到比 1/4 大，那么飞行速度就会加快，升力提高而使无人机上升；若要让无人机下降，则可将油门减到比 1/4 小，那么飞行速度就会减小，升力降低而使无人机下降。

在使用 1/4 油门时，并不能像想象中那样利用升降舵来使无人机爬升或下降。假如采用升降舵的话，那么在不加大油门的情况下，无人机向上爬升时速度会逐渐降低。此时升力会逐渐减小，使无人机下降。换句话说，无人机的轨迹就会进入振荡状态，即所谓的“波状飞行”。

② 改出。改出时不能简单地依靠油门将无人机拉起，而应先让无人机从非正常状态飞出来。之后，如果还有必要再爬升到原有高度的话，可以再加大油门。

（2）地面站操纵

1）地面站的软件主界面。

无人机地面站软件主界面，通常可以划分为以下几个区域。

① 菜单栏。菜单栏通常处于整个界面的最上边，主要包括功能、工具、帮助等功能。也有些地面站软件为了方便操作，在菜单栏中整合一些其他的常用功能，比如设置、数据下载、捕获等。

② 工具栏。与其他常用软件和程序类似，地面站软件界面中通常会包含一个工具栏。工具栏一般在菜单栏的下方，通常以图标按钮的方式整合各种常用功能，方便用户操作。工具

栏的功能通常包括：显示比例、测距、规划航线、擦除航点、上传航线数据、下载航线数据、标注位置点等。

③ 状态栏。状态栏通常位于界面的最下方，主要用于显示鼠标所在地图位置对应的经度、纬度和海拔高度等信息。也有的软件能够在状态栏显示数据下传状态，包括通信状态、飞控状态、卫星状态等。

④ 数据区。地面站软件界面中通常设有专门显示飞行数据的数据区，主要用于显示飞行高度、速度、航向、距离等数据。有的地面站软件数据区除显示上述数据外，还能够显示飞控电压、转速等。

⑤ 地图区。显示电子地图、航线、航点、飞行轨迹等信息。

⑥ 仪表区。模拟无人机驾驶舱内的仪表面板，显示无人机飞行的主要数据，包括飞行高度、速度、俯仰角、滚转角等。

⑦ 控制区。控制区主要用来执行降落伞开伞、发动机停车、拍照、接收机开关、更改目标航点等操作。

2）地面站常用功能操作方法。

① 参数设置。在无人机进行航线飞行之前，首先需要对以下基本参数进行设置。

a）高度：无人机每次起飞前需要输入飞控所在的高度值。

b）空速：将空速管进口挡住，阻止气流进入空速管，单击“清零”按钮可以将空速计清零。

c）安全设置：地面站中的基本安全设置主要包括爬升角度限制和开伞保护高度等可能影响飞行安全的参数。根据不同软件的设定，其他可能需要设置的安全参数还包括俯冲角度限制、滚转角度限制、电压报警、最低高度报警等。

② 拍照。

a）拍照模式有两种：等时间间隔和等距离间隔。

b）启动拍照的方式有两种：手动和自动。手动拍照时，只要单击地面站界面上相应的拍照控制按钮，自驾仪就会控制相机拍摄一张照片；手动拍照主要用于地面测试。自动拍照的启动通常也有两种方式，一种是在任务窗口里单击“开始照相”按钮，飞行控制系统按照之前设置好的间隔自动控制相机拍照；另一种是选择任务航点照相功能，一旦无人机到达有照相设置的航点，就会自动拍照。

c）停止自动拍照：单击任务窗口中的“停止拍照”按钮，系统会停止拍照。

③ 捕获。捕获功能主要用于捕捉各个舵机的关键位置，包括中立位、最大油门、最小油门、停车位等。

④ 地图操作。使用地图操作功能可以进行飞行任务的编辑、监视与实时修改。常用操作如下。

a）建立地图：通常可以使用自己的电子地图文件或扫描地图。

b）视图操作：可以对地图进行放大、缩小、平移等操作。

c）测量距离：启用测距功能，使用鼠标单击测量相邻点间的距离和总距离。

d）添加标志：在地图上需要添加标志的地方用鼠标直接操作就可以生成对应的标志对象。

⑤ 航线操作。

a）新增航点。如果是从第 1 点开始新生成航线，单击“增加航点”按钮，从点下第一点开始，依次增加航点，在最后一点双击鼠标，可以自动按顺序生成一系列航点。

b）编辑航点。如果当前地图上有规划好的航线，选择该功能之后就会弹出相应的“航线编辑”对话框。对于选中的航点，直接按 Delete 键可以删除航点，剩下的航点将会自动重新排序。

c）上传下载航点。通常可以选择上传或下载单个或全部航点。

d）自动生成航线。在地图上先随意生成一个起飞航点，选中这个航点；或者打开一个已经建立的航线，选中需要插入的航点。右击鼠标，在快捷菜单中选择“插入自动航线”，用鼠标左键在地图上相应的位置画出一条航线，会自动跳出一个“自动航线生成器”的对话框。

⑥ 飞行记录与回放。

a）记录。运行软件后，选择“监视”功能，软件将打开串口并进入通信状态。打开飞控后，飞控初始发送“遥测数据”，软件一旦接收到数据，就会生成记录文件。下传的所有数据都会存入记录文件中。

b）回放。运行软件后，选择“回放”功能，会弹出“选择回放文件”的对话框，选择需要回放的文件记录后进入回放状态。单击“回放”按钮可以开始回放飞行数据，单击“暂停”按钮可以暂停回放。

3）地面站航线飞行操作流程。

对于已经完成 PID 调整的无人机，可以按照下面的步骤来进行飞行操作。

① 安装并连接地面站。

② 安装机载设备，连接电源，连接空速管。

③ 飞控开机工作 5～10 min。由于飞控会受温度影响，所以当室内外温差比较大时，将无人机拿到室外之后，应先放置几分钟，以使其内部温度平衡。

④ 打开地面站软件，参照飞行前检查表，对各个项目逐一进行检查。主要检查项目包括陀螺零点、空速管、地面高度设置、遥控器拉距测试、航线设置、电压和 GNSS 定位。

⑤ 起飞后，如果无人机没有进行过调整并记录过中立位置，那么则需利用遥控器微调进行飞行调整，调整到理想状态时，地面站捕获中立位置；如果已经进行过飞行调整，则在爬升到安全高度后，切入航线飞行。

⑥ 当无人机飞出遥控器有效控制距离后，可以通过地面站关闭接收机，以防止干扰或者同频遥控器的操作。

⑦ 在滑翔空速框中输入停车后的滑翔空速，以便在无人机发动机停车时能够及时单击“启动滑翔空速”按钮。

⑧ 飞行完成后，无人机回到起飞点盘旋，如果高度过高，不利于观察，可以在地面站上

降低起飞点高度，并上传。无人机自动盘旋下降到操控手能看清的高度。

⑨遥控无人机进行滑跑降落，或者遥控到合适的位置进行开伞降落。

3. 进场与降落操控

（1）进场操控

1）进场方式。

无人机进场通常采用五边进近程序。所谓五边，从起降场地上方看上去实际上是一个四边形，但是在立体空间中，由于起飞离场边（一边）和进场边（五边）的性质和飞行高度都不同，所以这条边应该分成两段来看，就成了五边，如图 3.2 所示。图中一边为离场边；二边为侧风边，方向与跑道成 90°；三边为下风边，方向与跑道起飞方向反向平行；四边为底边，与跑道垂直，开始着陆准备；五边为进场边，与起飞方向相同，着陆刹车。

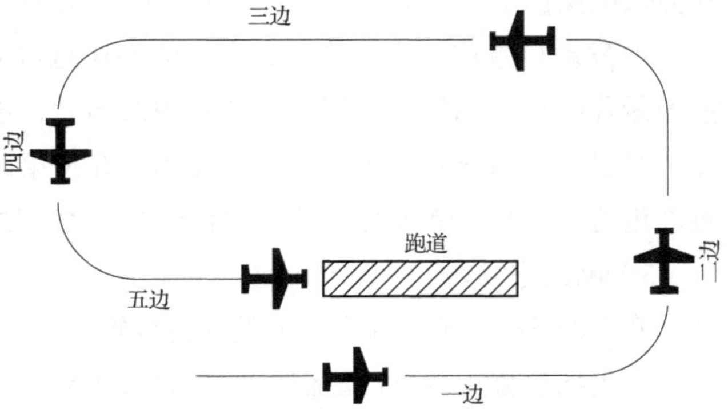

图 3.2 五边进近示意图

对于准备进场着陆的无人机来说，五边实际上就是围绕机场飞一圈。当然，由于受航线、风速等条件限制，进近航线不一定要严格地飞完五边，也可以适时从某条边直接切入。完整的五边进近操作程序如下。

①一边（逆风飞行）：起飞、爬升，收起落架，保持对准跑道中心线。

②二边（侧风飞行）：爬升转弯，与跑道成大约 90°。

③三边（顺风飞行）：收油门，维持正确的高度，并判断与跑道的相对位置是否正确。

④四边（底边飞行）：对正跑道，维持正确的速度和下降速率。

⑤五边（最后的进场边）：做最后调整，保持正确的角度和速率下降、进场、着陆。

2）正风进场。

①进场的组织

a）进入较近、较低的第三边（顺风边）。

b）稍微减小油门，控制飞行高度，逐渐下降。

c）到达标志点，开始操纵无人机转弯。

d）进入第四边（底边），水平转弯。

e）在机身指向跑道的时候，从转弯中彻底改出。

f）利用自身作为参照物让无人机对准跑道。

注意：在开始第四边（底边）转弯之前就要使无人机逐渐下降，以便能够集中精力完成稳定的水平转弯。

② 确保第四边水平转弯。对于整个着陆环节而言，其中最重要的一环就是要让第四边的转弯保持水平，以便能够更容易地完成改出。同时，也让操控者能够集中精力去对准跑道。

③ 发现并修正方向偏差。在整个进场过程中，要不断确认无人机和操控手的相对位置。在该过程中，升降舵应处于回中的状态；否则，如果升降舵未回中就去点碰副翼，就可能会导致或加大航线偏差。而且，让升降舵处于回中状态，也可以让无人机保持一定的下降速度，从而保证操控手在整个进场过程中能对无人机进行更好的控制。

④ 发动机怠速。为了确保无人机能够在跑道上顺利着陆，必须事先确定好发动机进入怠速的最佳时机。例如，从第四边转弯中改出后，进入降落航线，根据无人机速度确定进入怠速的时机，如果速度高则提前进入怠速。在从第四边转弯中改出时要彻底，并尽早让无人机对准跑道，以便有更多的时间来思考究竟应该何时进入怠速。

3）侧风进场。

侧风进场时需要对无人机的航向进行修正，方法通常有两种：

① 航向法修正侧风（偏流法）。航向法就是有意地让无人机的航向偏向侧风的上风面一侧，机翼保持水平，以使飞行航迹与应飞航迹一致。航向法适用于修正较大的侧风。

② 侧滑法修正侧风。向侧风方向压杆，使无人机形成坡度，向来风方向产生侧滑，同时向侧风反方向偏转方向舵，以保持机头方向不变。当侧滑角刚好等于偏流角时，偏流便得到了修正。

（2）降落操控

1）无人机常用降落方式。

多数无人机是可以重复使用的，称为可回收无人机。也有的无人机仅使用一次，只起不落，称为不可回收无人机。例如，小型无人侦察机通常为不可回收无人机，在执行完任务后，为防止暴露发射地点，自行解体（自炸）。无人机的回收方式通常有以下 6 种。

① 脱壳而落。在这种回收方式中，只回收无人机上有价值的那部分，比如照相舱等，而无人机壳体则被抛弃。这种方法并不多用，因为一来回收舱与无人机分离并不容易，二来被抛弃的无人机造价不菲。

② 网捕而回。用网回收无人机是近年来小型无人机常用的回收方法。网式回收系统通常由回收网、能量吸收装置和自动引导设备等部分组成。回收网有横网和竖网两种架设形式。能量吸收装置的作用是把无人机撞网的能量吸收掉，以免无人机触网发生弹跳而损坏。自动引导设备通常是一部摄像机或红外接收机，用于向指挥站报告无人机返航路线的偏差。

③ 乘伞而降。伞降是无人机普遍采用的回收方法。无人机使用的回收伞与伞兵使用的降落伞并无本质区别，而且开伞的程序也大致相同。需要注意的是，在主伞张开时，开伞程序控制系统必须操纵伞带，让无人机由头朝下降落转成水平降落，以确保无人机的重要部位在着陆时不会损坏。

伞降着陆时，无人机虽乘着回收伞，但在触地的瞬间，其垂直下降速度仍会达到 5～8 m/s，产生的冲击过载很大。因此，采用伞降回收的无人机必须要加装减振装置，比如气囊或气垫。在触地前，放出气囊，起到缓冲作用。

伞降回收通常只适用于小型无人机，对于大型无人机，由于伞降回收可靠性不高，且操纵较困难，损失率较高，所以较少使用。

④ 气垫着陆。其原理接近气垫船，方法是在无人机的机腹四周装上一圈橡胶气囊，发动机通过管道把空气压入气囊，然后压缩空气从气囊中喷出，在机腹下形成一个高压气垫，支托无人机，防止其与地面发生猛烈撞击。

气垫着陆的最大优点是使用时不受地形条件限制，可以在不平整的地面、泥地、冰雪地或水上着陆，而且不管是大型无人机还是小型无人机都可以使用，回收率高，使用费用低。

⑤ 冒险迫降。迫降就是选一块比较平坦、开阔的平地，用无人机腹部直接触地降落的一种迫不得已的降落方法。当无人机遇到起落系统故障，或燃料用完无法回到降落场地时，为保全无人机通常采用这种办法。

⑥ 滑跑降落。用起落架和轮子在跑道上滑跑着陆，缺点是需要较长的跑道，只能在地势相对开阔的地方使用。

2）滑跑降落操控。

① 降落场地的选择。在选择降落场地时，应确保在无人机的平面转弯半径内没有地面障碍物及无关的人员、车辆等。同时，还应注意以下事项：

a）在条件允许的情况下，根据自己的技术水平，提前观察好理想的降落场地，不轻易改变，除非有紧急情况发生，比如风向、风速的突然变化等；

b）选择降落场地，应本着“便于回收、靠近公路”的原则，这样既节省时间，又不会无端消耗体力；

c）尽量避免降落在刚收割的庄稼地里，因为庄稼的茬口会刺破伞布，造成不必要的损失，而且也不易收伞；

d）尽量降落在新修的公路、沙土地或未耕种的土地里。

e）在降落前，要认真观察拟降场地里有无电线杆，看清电线杆走向，特别是对高压线更要避而远之。

② 降落操纵方法。在即将进入降落航线时，收小油门，根据飞行速度来确定进入对头降落航线的距离。一般情况下，进入对头降落航线后，通常是将油门放到比怠速稍高一点，因为这样可以有充分的时间来判断降落的速度，从而确定是否需要复飞。进入降落航线后，根据距降落地点的距离，对飞行高度进行适当的调整。此时需要注意，既要低速飞行，又要确保不失速。通常来说，在对准航线、离降落点不远的时候就应将油门放到怠速，在即将触地的时候，稍拉杆，让无人机保持仰角着陆。注意，前三点式起落架应以后轮着地，而后三点式起落架则以前轮着地为佳。无风或微风降落时必须时刻注意飞行速度，如果无人机着陆时水平速度过高，很容易导致起落架变形，而且对无人机损伤也较大。

3）伞降操控。

①伞降系统的工作过程。不同无人机伞舱所在的位置不同，开伞条件也不同，所以必须根据具体情况采用不同的开伞程序。对于回收速度较小的无人机，通常直接打开主伞减速即可。而对于回收速度较大的无人机，回收系统一般由多级伞组成，减速伞首先打开，让无人机减速和稳定姿态；当减小到一定速度时再打开主伞，让无人机以规定的速度和较好的姿态着陆。

②伞降系统的组成。伞降系统通常由下面几部分组成。

a）引导伞：伞降系统的先行组件，用于拉出下一程序。

b）减速伞：在高速度条件下开伞时，先对无人机实施减速，以确保主伞的开伞条件；同时在一些大型无人机上，还能起到缩短滑跑距离的作用。

c）主伞：系统的主要部件，保证无人机以规定的速度及稳定的姿态着陆。

d）伞包：包装降落伞的容器，能保证回收伞按程序开伞，减小开伞力。

e）连接带和吊带：伞降系统与无人机之间的连接部件。

f）分离接头：无人机着陆时的抛伞机构，一般采用电爆的方法分离。

g）控制系统：用于完成回收工作的流程控制，同时在完成各项控制功能后能够向总体发送反馈信号。伞降控制系统可以与无人机的飞控系统进行集成，由飞控系统发出伞降系统的启动与分离信号。

h）机械系统：如射伞枪、弹伞筒、牵引火箭、爆炸螺栓等。

③无人机伞降操作流程。无人机比较典型的伞降回收流程通常由以下几个阶段组成。

a）进入回收航线：调整飞行轨迹及航向，让无人机按预定的航线进入回收场地。

b）无动力飞行段：减速到预定速度，发出停车指令关闭发动机，无人机无动力滑翔。

c）开伞减速段：发出开伞指令，降落伞舱门打开，带出引导伞，然后由引导伞拉出主伞包。主伞经过一定时间的延时收口后完全充气张满，无人机作减速滑行。

d）飘移段：无人机以稳定的姿态匀速降落。

4）复飞操纵。

①复飞的概念。复飞指的是无人机在即将触地着陆前，将机头拉起、重新起飞的动作。无人机着陆前有一个决断高度，当无人机下降到这一高度时，如果仍不具备着陆条件，那么就应加大油门复飞，重新进行着陆。如果着陆条件仍不具备，那么则可能再次复飞或改换其他降落场地降落。

②导致复飞的因素。

a）天气因素有：风向、风速的突然改变，侧风、顺风、逆风超过标准；进近过程中跑道上空有雷雨过境造成强烈的颠簸、跑道积水超过标准、低空风切变等不利天气条件。

b）设备与地面因素有：着陆过程中接地过远；突发系统故障，未做好着陆准备；进近过程中突然发生的跑道入侵。

c）操纵人员因素有：进场偏离跑道或下降的高度过低；当下降到规定高度时，无人机还未建立着陆形态或稳定进近。

d）其他因素：紧急情况或其他原因导致必须复飞；操控人员对操纵无人机着陆缺乏信心。

③ 复飞的三个阶段。

a）复飞起始阶段：这一阶段从复飞点开始到建立爬升点为止，这一阶段要求操控人员集中注意力操纵无人机；不允许改变无人机的飞行航向。

b）复飞中间阶段：这一阶段从建立爬升点开始，以稳定速度上升，直到获得规定的安全高度为止。中间复飞阶段无人机可以进行转弯、坡度不超过限制值的机动飞行。

c）复飞最后阶段：这一阶段从复飞中间阶段的结束点开始，一直延伸到可以重新做一次新的着陆或回到航线飞行为止。这一阶段可以根据需要进行转弯。

④ 复飞的操作步骤。

a）向拉杆的方向点碰一下升降舵，以防无人机触地。

b）加大油门，使无人机恢复爬升，并重飞一圈着陆航线。

⑤ 复飞的操作要点。

a）由于复飞的时候无人机距离地面的高度比较低，所以务必要先点碰一下升降舵以确保无人机不再下降。此时如果只顾着去加大油门的话，无人机很有可能会来不及恢复水平飞行。

b）在离地面比较近时，拉升降舵之前首先要确保机翼水平，以防无人机转弯。只要保证机翼水平，即使不采取任何措施，让无人机直接撞到地上，无人机也有可能不产生损伤。

c）刚开始进入复飞的时候，油门只需加到 1/4 即可。一般情况下，不要一开始就立刻将油门加到 1/4 以上，以免因为飞行速度过高而出现手忙脚乱的情况。

d）在出现接地过远的情况时，尽量不要通过向下推升降舵的方法来进行挽救，否则很容易在俯冲中积累过多的速度和升力，导致无人机冲出跑道。

4. 飞行后的检查与维护

无人机在结束飞行后，必须对其进行全面的检查和维护，以确保无人机后续飞行的安全。

无人机飞行后需要检查的主要项目有：

① 油量；

② 电气、电子系统；

③ 机体；

④ 机械系统；

⑤ 发动机；

无人机飞行后需要维护的主要项目有：

① 电气；

② 机体；

③ 发动机。

3.3 多旋翼无人机操控

本节以大疆 Phantom 4 Pro 四旋翼无人机为例介绍多旋翼无人机的操控。

3.3.1 安装飞行器

1. 解云台锁扣

为保护好云台和镜头，大疆系列无人机出厂时一般都配备了云台锁扣，在无人机飞行之前需按箭头方向移除云台锁扣（如图 3.3 所示）。

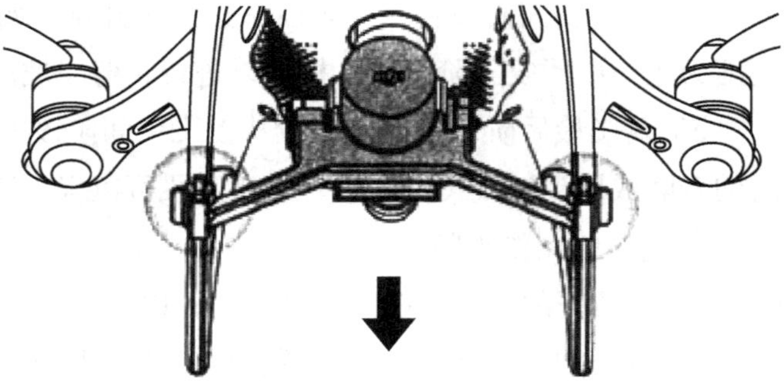

图 3.3 云台锁扣解锁示意图

2. 安装螺旋桨

旋翼无人机为保持平衡和飞行，螺旋桨需具备不同的旋转方向，大疆 Phantom 4 Pro 四旋翼无人机有两对不同方向的螺旋桨：一对有黑圈的螺旋桨和一对有银圈的螺旋桨。将印有黑圈的螺旋桨安装至带有黑点的电机桨座上，将印有银圈的螺旋桨安装至没有黑点的电机桨座上。将桨帽嵌入电机桨座并按压到底，沿锁紧方向旋转螺旋桨至无法继续旋转，松手后螺旋桨将弹起锁紧（如图 3.4 所示）。使用完毕拆卸时应注意保存，以免损坏。

螺旋桨	银圈	黑圈
示意图		
安装位置	安装至没有黑点的安装座	安装至带有黑点的安装座
符号说明	锁紧：表示安装螺旋桨时的旋转方向 解锁：表示拆卸螺旋桨时的旋转方向	

图 3.4 螺旋桨安装说明与安装过程示意图

3. 安装智能飞行电池

将电池以图 3.5 所示的方向推入电池仓，直到听到“咔”的一声，以确保电池卡紧在电池仓内。

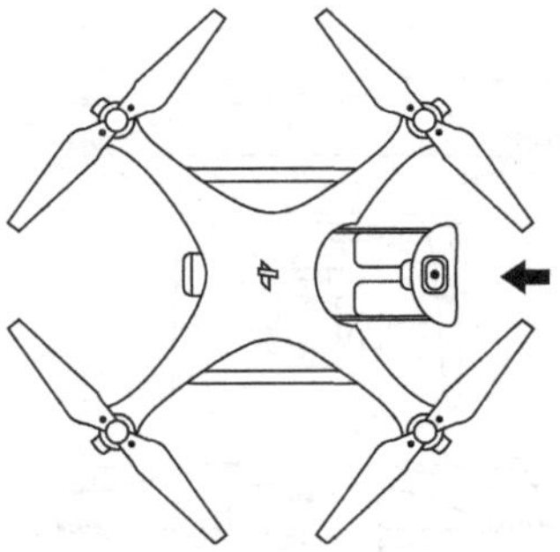

图 3.5 电池安装示意图

注意：如果电池没有卡紧，有可能导致电源接触不良，可能会影响飞行的安全性，严重时会导致无人机空中断电跌落，甚至无法起飞。

4. 准备遥控器

准备遥控器的步骤（见图 3.6）如下：

① 展开遥控器上的移动设备支架或显示设备并调整天线位置；

② 按下移动设备支架侧边的按键以伸展支架，放置移动设备，调整支架确保夹紧移动设备；

③ 使用移动设备数据线将移动设备与遥控器 USB 接口连接。

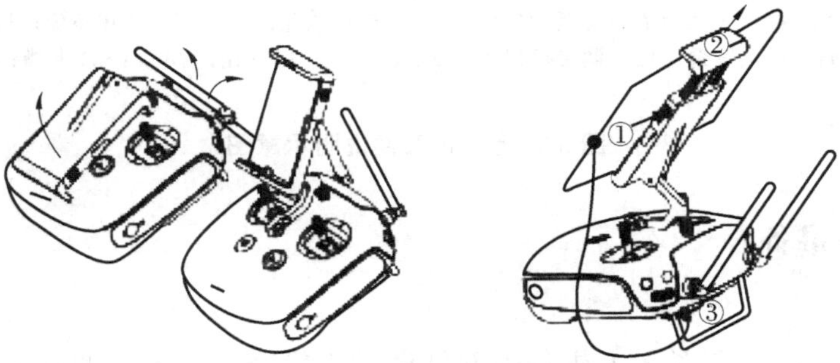

图 3.6 遥控器准备步骤示意图

Phantom 4 Pro 遥控器须通过 USB 接口连接移动设备，所以需要将安装了 DJIGO 4 App 的移动设备用数据线与遥控器背部的 USB 接口连接，将移动设备安装至移动设备支架上，调整移动设备支架的位置，确保移动设备安装牢固。

5. 无人机与遥控器部件说明

无人机部件说明如图 3.7 所示，遥控器部件说明如图 3.8 所示。

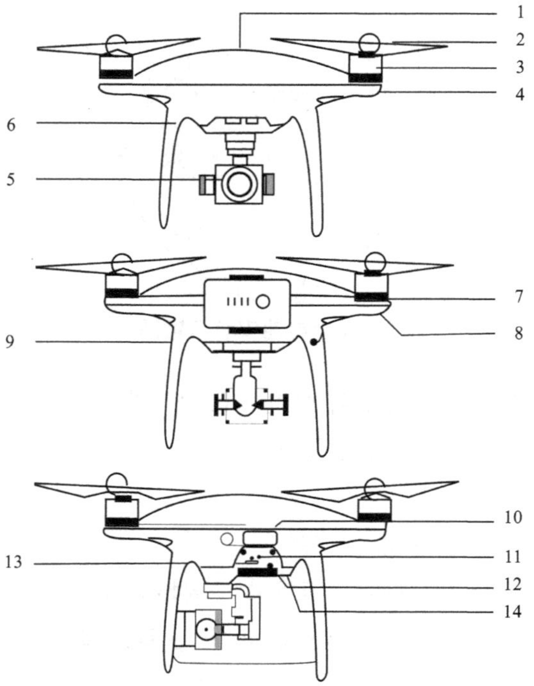

1—GPS；2—螺旋桨；3—电视；4—机头 LED 指示灯；5——体式云台相机；6—前视视觉系统；7—智能飞行电池；8—飞行器状态指示灯；9—后视视觉系统；10—红外感知系统；11—相机，对频状态指示灯 / 对频按键；12—调参接口（Micra USB）；13—相机 Micra SD 卡槽；14—下视视觉系统

图 3.7 无人机部件说明示意图

3.3.2 飞行前准备

1. 飞行前检查

在操作无人机飞行前要对无人机各个部件做相应检查，无人机的任何一个小问题都有可能导致无人机在飞行过程中发生事故。因此在飞行前应做好飞行检查，防止意外发生。

1）检查项目

飞行前检查项目有：

① 遥控器、智能飞行电池及移动设备是否电量充足；

② 云台卡扣是否已解除，摄像头及 TOF 模块保护玻璃片是否清洁；

③ 螺旋桨是否正确安装；

④ 确保已插入 Micro SD 卡；

⑤ 电源开启后相机和云台是否正常工作；

⑥ 开机后电机是否能正常启动；

⑦ 地面站 App 是否正常运行。

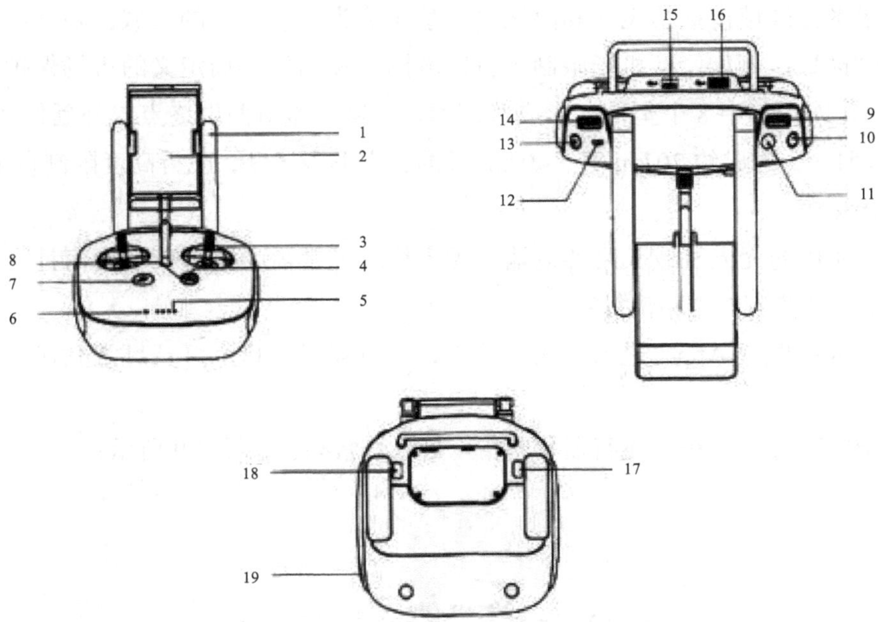

1—天线：传输飞行器控制信号和图像信号；2—移动设备支架：在此位置安装移动设备；3—摇杆：DJIGO 4 App 中可设置摇杆控制方式；4—智能返航按键：长按返航按键进入智能返航模式；5—电池电量指示灯：显示当前电池电量；6—遥控器状态指示灯：显示遥控器连接状态；7—电源开关：开启 / 关闭遥控器电源；8—返航提示灯：提示飞行器返航状态；9—相机设置转盘：调整相机设置，选择同款相片与视频；10—智能飞行暂停按键：暂停智能飞行器将于原地悬停；11—拍照按键：二段式快门，实现拍照功能；12—飞行模式切换开关：3 个挡位一次为 A 模式（姿态）、S 模式（运动）及 P 模式（定位）；13—录像按键启动或停止录像；14—云台俯仰控制拨轮：调整云台俯仰角度；15—Micra USB 接口：预留接口；16—USB 接口：连接移动设备以运行 DJIGO 4 App；17—自定义功能按键 C1；18—自定义功能按键 C2；19—充电接口；用于遥控器充电

图 3.8 遥控器部件说明示意图

2）飞行环境要求

飞行环境要求如下：

① 恶劣天气下请勿飞行，如大风（风速五级及以上）、下雪、下雨、有雾天气等；

② 选择开阔、周围无高大建筑物的场所作为飞行场地，因为大量使用钢筋的建筑物会影响指南针工作，而且会遮挡 GNSS 信号，导致飞行器定位效果变差，甚至无法定位；

③ 飞行时，请保持在视线内控制，远离障碍物、人群、水面等；

④ 请勿在有高压线、通信基站或发射塔等区域飞行，以免遥控器受到干扰；

⑤ 在海拔 6 000 m 以上飞行，由于环境因素导致飞行器电池及动力系统性能下降，飞行性能将会受到影响，须谨慎飞行。

3）禁飞区

禁飞区包括机场限制飞行区域及特殊飞行限制区域。大疆在新的版本中确定了我国机场限制飞行区域。

机场限制飞行区域包括禁飞区和限飞区。禁飞区为禁止飞行的区域，限飞区为限制飞行器飞行高度的区域。例如，新机场限制飞行区域图将民用航空局定义的机场保护范围坐标向外拓展 500 m，连接其中 8 个坐标，形成八边形禁飞区。跑道两端终点向外延伸 20 km，跑道两侧各延伸 10 km，形成约 20 km 宽、40 km 长的长方形限飞区，飞行高度限制在 120 m 以下。

2. 指南针校准

长时间未使用的无人机或长距离运输的无人机，经常需要重新校准指南针。请选择空阔场地，根据下面的步骤校准指南针：

① 进入无人机配套 App，进入指南针校准，飞行器状态指示灯黄灯常亮代表指南针校准程序启动；

② 水平旋转飞行器 360°，飞行器状态指示灯绿灯常亮，如图 3.9 所示；

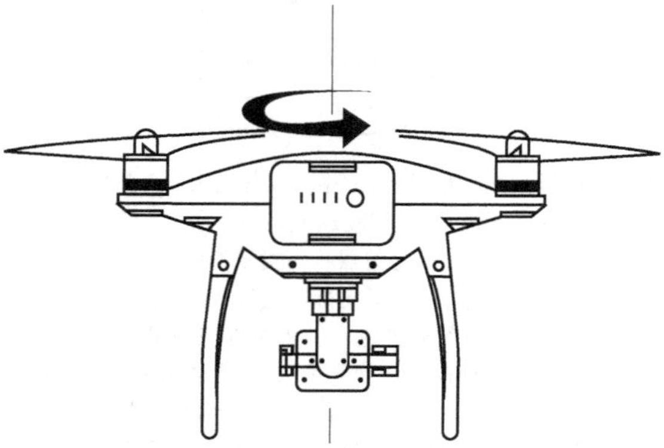

图 3.9 飞行器水平旋转 360° 示意图

③ 使飞行器机头朝下，水平旋转 360°，如图 3.10 所示：

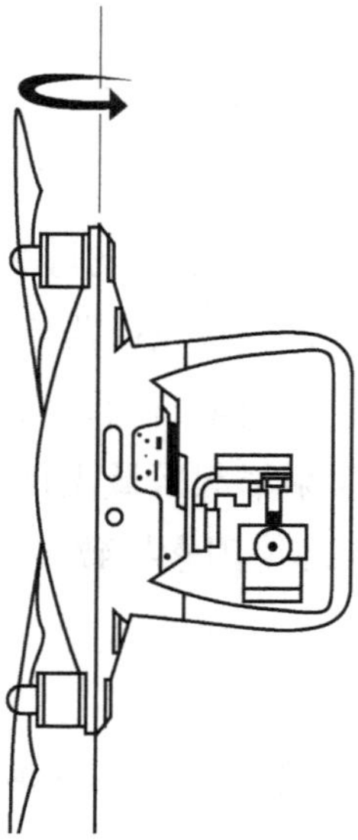

图 3.10 飞行器机头朝下水平旋转 360° 示意图

④完成校准，若飞行器状态指示灯显示红灯闪烁，表示校准失败，须重新校准指南针。

注意：请勿在强磁场区域或大块金属附近校准指南针，如磁矿、停车场、带有地下钢筋的建筑区域等。校准指南针时请勿随身携带铁磁物质（如手机等）。

3.3.3 飞行器操控

1. 飞行模式

随着 GNSS 的发展，飞行控制系统基本都置入了 GNSS，通常支持包含以下常见的三种飞行模式。

1）P 模式（定位）

使用 GNSS 模块或多方位视觉系统可实现飞行器精确悬停、指点飞行及其他智能飞行模式等功能。P 模式下，GNSS 信号良好时，利用 GNSS 可精准定位；GNSS 信号欠佳，光照条件满足视觉系统需求时，利用视觉系统定位。开启前视避障功能且光照条件满足视觉系统需求时，最大飞行姿态角为 25°，最大飞行速度为 14 m/s。未开启前视避障功能时最大飞行姿态角为 35°，最大飞行速度为 16 m/s。

GNSS 信号欠佳且光照条件不满足视觉系统需求时，飞行器不能精确悬停，仅提供姿态增稳，并且不支持智能飞行功能。

2）S 模式（运动）

使用 GNSS 模块或下视视觉系统可实现精确悬停，该模式下飞行器的感度值被适当调高，务必格外谨慎飞行。飞行器最大水平飞行速度可达 20 m/s。

3）A 模式（姿态）

不使用 GNSS 模块与视觉系统进行定位，仅提供姿态增稳，若 GNSS 卫星信号良好可实现返航。

姿态模式下，飞行器容易受外界干扰，从而在水平方向将会产生飘移，并且视觉系统及部分智能飞行模式将无法使用。因此，该模式下飞行器自身无法实现定点悬停及自主刹车，需要用户手动操控遥控器才能实现飞行器悬停。

姿态模式下，飞行器的操控难度将大大增加，如需使用该模式，务必熟悉该模式下飞行器的行为，并且能够熟练操控飞行器，使用时切勿让飞行器飞出较远距离，以免因为距离过远而丧失对于飞行器姿态的判断，从而造成风险。一旦被动进入该模式，则应当尽快降落到安全位置，以避免发生事故。同时，应当尽量避免在 GNSS 卫星信号差及狭窄空间飞行，以免被动进入姿态模式，导致飞行事故。

2. 开关机

电池与遥控器的开启、关闭方式相同，短按 1 次电源按键后，长按设备电源 2 s，即可实现开启或关闭。如图 3.11 所示。

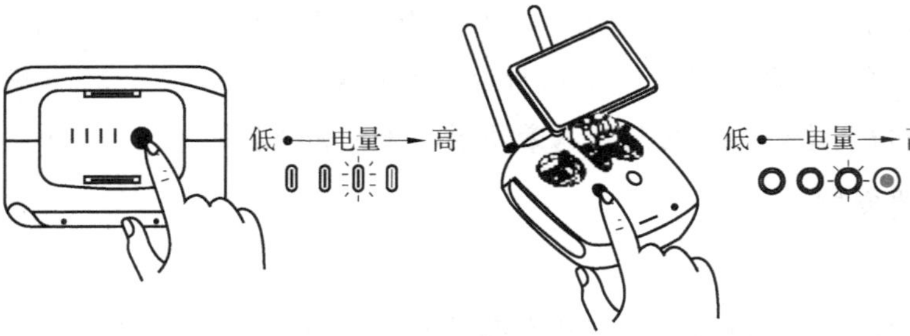

图 3.11 无人机及遥控器电源开关示意图

注意：为保障无人机安全，防止无人机处于无遥控控制状态，无人机启动时，需先开启遥控器，后开启飞行器；关闭时，先关闭飞行器，后关闭遥控器。

1）启动电机

执行掰杆动作可启动电机。电机起转后，请马上松开摇杆。如图 3.12 所示。

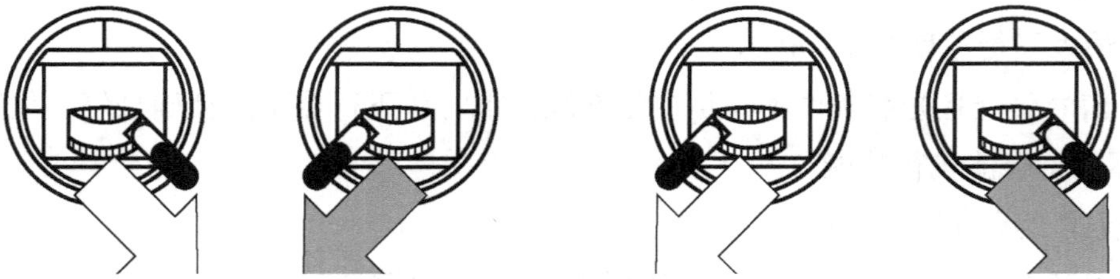

图 3.12 电机启动控制示意图

电机起转后，有两种停机方式，如图 3.13 所示。方法一：飞行器着地之后，将油门杆推到最低位置①，然后执行掰杆动作②，电机将立即停转，停转后松开摇杆。

方法二：飞行器着地之后，将油门杆推到最低的位置并保持，3 s 后电机停转。

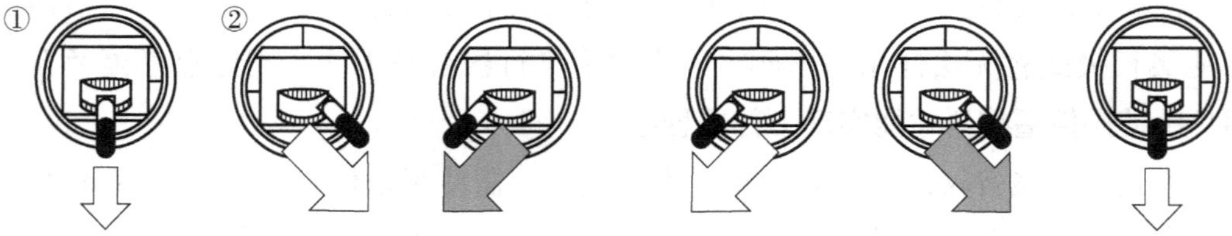

（a）方法一 （b）方法二

图 3.13 电机停机控制示意图

2）空中停机

向内拨动左摇杆的同时按下“返航”按键。空中停止电机将会导致飞行器坠毁，仅用于发生特殊情况（如飞行器可能撞向人群）需要紧急停止电机以最大程度减少伤害时。如图 3.14 所示。

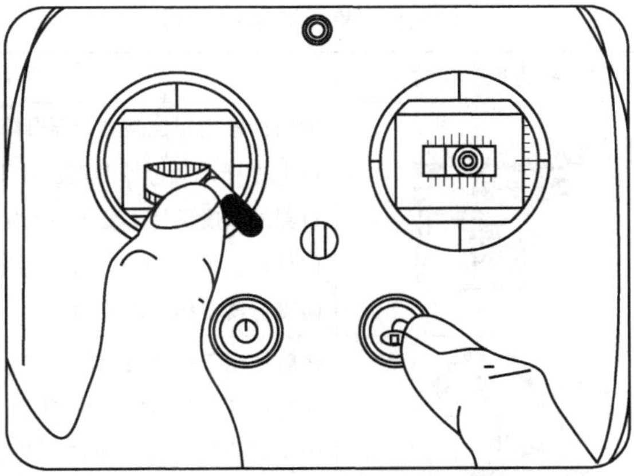

图 3.14 空中停机操作示意图

3）操控飞行器

遥控器摇杆操控方式分为美国手、日本手和中国手，对应操控方式如图 3.15 所示。

目前以美国手最为流行，一般遥控器出厂时默认操控模式为美国手，因此，本节主要以美国手为例，进行介绍。

（1）一般操控动作（如表 3.1 所示）。

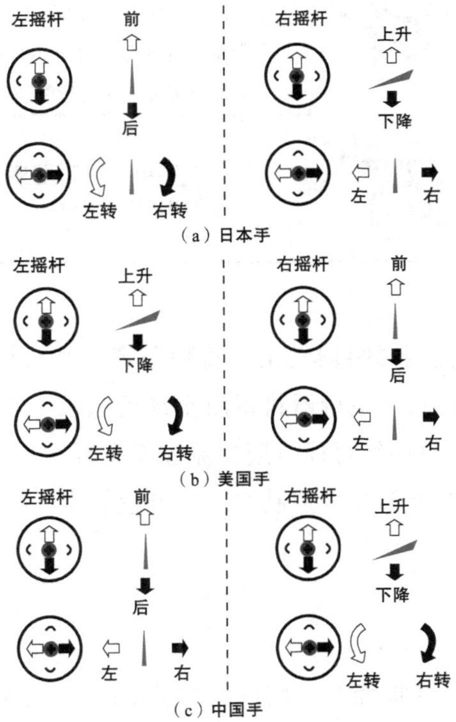

图 3.15 操控方式示意图

表 3.1 一般操控动作说明

遥控器（美国手）	飞行器（←为机头朝向）	控制方式
	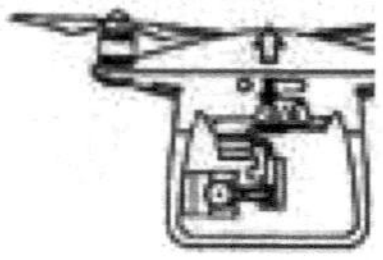	油门摇杆用于控制飞行器升降。 往上推杆，飞行器升高。往下拉杆，飞行器降低。中位时飞行器的高度保持不变（自动定高）。飞行器起飞时，必须将油门杆往上推过中位，飞行器才能离地起飞（请缓慢推杆，以防飞行器突然急速上冲）。
		编航杆用于控制飞行器航向。 往左打杆，飞行器逆时针旋转。往右打杆，飞行器顺时针旋转。中位时旋转角速度为零，飞行器不旋转。摇杆杆量对应飞行器旋转的角速度，杆量越大，旋转的角速度越大。
	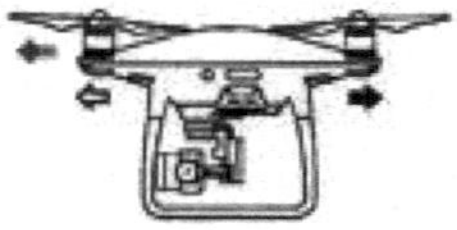	俯杆用于控制飞行器前后飞行。 往上推杆，飞行器向前倾斜，并向前飞行。往下拉杆。飞行器向后倾斜、并向后飞行，中位时飞行器的前后方向保持水平，推、拉杆量对应飞行器前后倾斜的角度，杆量越大，倾斜的角度越大，飞行的速度也越快。
		横滚杆用于控制飞行器左右飞行。 往左打杆，飞行器向左倾斜。并向左飞行。往右打杆，飞行器向右倾斜。并向右飞行。中位时飞行器的左右方向保持水平。左、右打杆量对应飞行器左右倾斜的角度，杆量越大。倾斜的角度越大，飞行的速度也越快。
	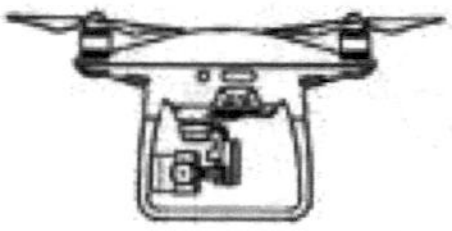	按下遥控器上的“智能飞行暂停按钮”退出智能飞行后，飞行器将于原地悬停。

（2）智能返航。

长按“智能返航”按键直至蜂鸣器发出“嘀嘀”音，激活智能返航。返航指示灯白灯常亮表示飞行器正在进入返航模式，飞行器将返航至最近记录的返航点。在返航过程中，用户仍然可通过遥控器控制飞行。短按一次此按键将结束返航，重新获得控制权。智能返航操控示意图如图 3.16 所示。

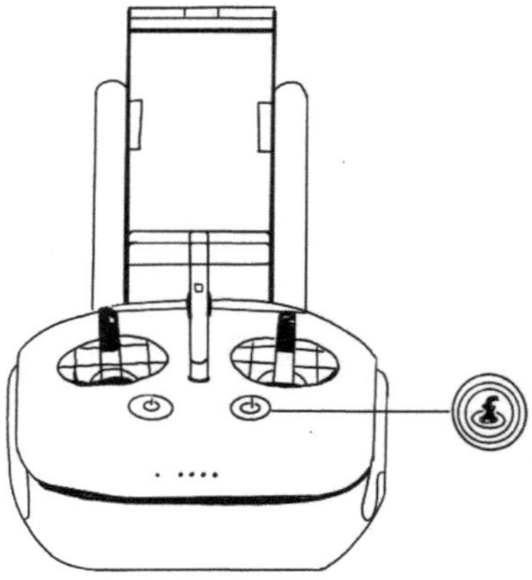

图 3.16 智能返航操控示意图

（3）基础飞行。

基础飞行步骤如下：

① 把飞行器放置在平整开阔地面上，用户面朝机尾；

② 开启遥控器和智能飞行电池；

③ 连接移动设备与 Phantom 4 Pro/Pro +，选择“开始飞行”，进入相机界面；

④ 等待飞行器状态指示灯绿灯慢闪，进入可安全飞行状态。执行掰杆动作，启动电机；

⑤ 往上缓慢推动油门杆，让飞行器平稳起飞；

⑥ 需要下降时，缓慢下拉油门杆，使飞行器缓慢下降于平整地面；

⑦ 落地后，将油门杆拉到最低的位置并保持 3 s 以上，直至电机停转；

⑧ 停机后依次关闭飞行器和遥控器电源。

4）遥控器信号的最佳通信范围

操控飞行器时，务必使飞行器处于最佳通信范围内。及时调整操控者与飞行器之间的方位、距离或天线位置，以确保飞行器总是位于最佳通信范围内。遥控器信号最佳通信范围示意图如图 3.17 所示。

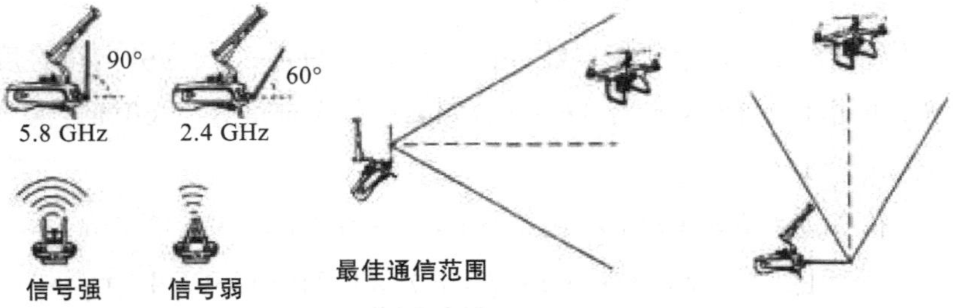

图 3.17 遥控器信号最佳通信范围示意图

3.4 无人机航摄工作及操纵技巧

3.4.1 无人机航摄工作流程

无人机航摄基本工作流程如图 3.18 所示。

无人机航摄工作需要进行航线设计、航摄飞行、质量检查、补飞或重飞、像控测量。无人机航摄的航线设计由于面积小，故无须考虑地球曲率的变化；航摄质量的检查在航摄现场就能完成，无须冲印相片；在某些特定条件下的像控测量工作必须首先制作全区域快速镶嵌图，必须使用快速拼图和电子相片刺点。

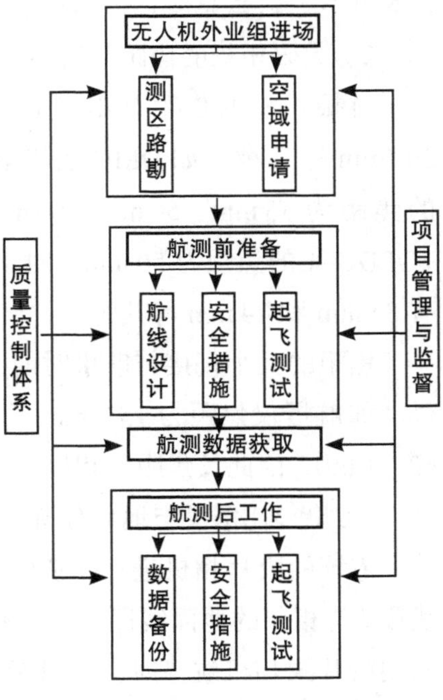

图 3.18 无人机航摄基本工作流程

3.4.2 数码相机在低空摄影中的参数设定

1. 相关参数说明

在人们日常的摄影活动中，已经很少能看到胶片相机的使用了。各种各样的新型数码相机已经成为人们的新宠。其无需胶片、无需冲洗、灵活的拍摄方式、及时的影像获取能力是胶片相机所无法比拟的，胶片摄影被数字摄影所取代已经成为必然的趋势。同样，在航空摄影领域，也进行着一场由胶片向数码过渡的变革。

对于数码航摄来讲，最关键的环节就是数码相机的选型。相机的选型与所要执行的任务紧密相关。对于无人机来讲，作业工期、效率、航摄成本及后处理成本都与相机紧密相关，因此无人机航测的关键一项就是弄清楚数码相机的相关问题。

1）摄影基线和旁向间距的计算

摄影基线（b）、旁向间距（l）的长度与重叠度 x、像素数 a 和地面分辨率 y 有关，具体算式如下：

$$b=a_{基}\times(1-x_{基})\times y$$

$$l=a_{旁}\times(1-x_{旁})\times y$$

式中：$a_{基}$为航向像素数；$a_{旁}$为旁向像素数；$x_{基}$为航向重叠度；$x_{旁}$为旁向重叠度；y 为分辨率。

对于佳能 SD Ⅱ 相机，像素数为 5 616×3 744，若航向重叠度 60%，旁向重叠度 30%，地面分辨率为 0.2 m，则

$$摄影基线b=3\,744\times(1-60\%)\times 0.2\ \text{m}=299.52\ (\text{m})$$

$$旁向间距l=5\,616\times(1-30\%)\times 0.2\ \text{m}=786.24\ (\text{m})$$

同样道理，若相机安装方向发生变化，传感器短边垂直于飞行方向，则

$$摄影基线b=5\,616\times(1-60\%)\times 0.2\ \text{m}=449.28\ (\text{m})$$

$$旁向间距l=3\,744\times(1-30\%)\times 0.2\ \text{m}=524.16\ (\text{m})$$

有了摄影基线和旁向间距的大小，就可以快速获取航拍区的航线数、每条航线的相片数、总相片数、大致总航程等基本信息。

2）数码相机的焦距与航高

航摄相机的焦距是出厂时已经给定的，传统胶片式航摄仪的焦距有 88 mm、152 mm、300 mm 等几种，如 DMC 数码航摄仪的焦距为 120 mm，UCD 的焦距为 101 mm，SWDC-4 的焦距为 35 mm、50 mm、80 mm 三种，TOPDC-4 的焦距有 35 mm、50 mm、80 mm 三种，TOPDC-1 的焦距为 50 mm。对于无人机搭载的数码相机而言，其焦距是购置时已知的，通常有 35 mm 和 24 mm 等几种。

焦距的大小直接与航摄时的航高相关。传统胶片式航摄仪的航高＝焦距 × 摄影比例尺分母。如航摄仪焦距为 152 mm，摄影比例尺为 1∶4 000，则航高 h = 152 mm × 4 000/1 000 = 608（m），因此长焦距的相机飞行高度更高，能适应于高差较大的地区作业。

3）摄影比例尺与地面分辨率

传统的胶片相机进行作业时都使用摄影比例尺，所谓摄影比例尺，指的是航摄影像上一线段 l 与相应的地面线段 L 的水平距之比，也可以是相机的主距 f 与航高 H 之比。一般来讲，使用胶片式相机航摄时，以摄影比例尺为出发点，先由成图比例尺来确定摄影比例尺，再由摄影比例尺与焦距共同确定航高，由摄影比例尺确定摄影基线、旁向间距等。

由于数码相机的标称焦距相对于胶片式相机要小得多，所以摄影比例尺往往非常小，与胶片没有可比性，经常误导。而且由数码相机得到的摄影比例尺在成图时的放大倍数比胶片相机要大 2～3 倍,胶片相机一般以 3～6 倍成图,数码相机以 6～15 倍成图。故而为了防止混淆，在数码相机航摄时统一都是用地面采样距离（ground sample distance，GSD），而且遥感影像也只讲 GSD，不讲摄影比例尺，如 TM、STOP、IKONOS 等，没有人知道它们的摄影比例尺，只知道它们的 GSD。航空数码相机类同于遥感传感器，直接获取数字影像，理应与遥感一致。

使用数码相机航摄时，航线设计以 GSD 为出发点，先由成图比例尺确定 GSD，进而确定航高。

理论上 1GSD 应为图上 0.1 mm 代表的地面实际距离，但理论值与实际值会有偏差，1∶500 成图比例尺往往由于顾及影像存储的问题，不得不将摄影基线加长，保证每张影像的存储时间。1∶5 000 和 1∶10 000 成图比例尺由于飞行高度达不到，往往降低地面分辨率，成图时进行重采样。

4）数码相机的高程精度

数码相机与传统的胶片式相机一样，其高程精度是由基高比决定的。如果已知焦距，则：基高比＝(1－短边重叠度)×CCD 个数 × 单个 CCD 像素大小 / 焦距。若已知无人机航速(v)，曝光时间间隔（Δt）和航高（h），则：

$$基高比=v\times\Delta t\times(1-重叠度)/h$$

5）数码相机检校

一般的数码相机为非量测相机，内方位未知，畸变大，且结构不稳定。将数码相机用于摄影测量前，需对数码相机的误差源进行认真分析，以确定其内方位元素及描述其系统误差模型中的参数，并在此基础上对数码相机进行严格的检校。

（1）数码相机的检校内容。

数码相机检校内容包括：主点位置（x_0，y_0）的测定、主距（f）的测定、光学畸变系数的测定。数码相机的误差主要由光学误差、机械误差和电学误差组成。在航测专业用的数码相机中，主要是光学误差。光学误差主要是指光学畸变误差，即相机物镜系统制作、装配引起的像点偏离其理想位置的点位误差，它分为径向畸变差和偏心畸变差两类，主要包括行同步误差、场同步误差和采样误差。

（2）常用的参考对象。

相机检校通常都需要使用某些特定的参考对象，国内的相机精密检校主要运用了室内控制场和室外控制场两种。

（3）主要的检校方法。

相机检校的方法很多，常用的有计算机视觉方法和摄影测量方法两类，两者在相机检校时使用的描述方法和手段存在差异。如计算机视觉方法中的 Tsai 两步法，其基本原理是对空间点左边已知的检校块用相机获取图像，用亚像素图像定位技术提取图像网格点坐标，利用不同图像网格点对应关系来实现相机检校。这种方法计算量不大，精度适中，是计算机视觉中通常采用的检校方法。但此方法的主点需要通过其他方法进行预检校，而且只考虑径向畸变，当切向畸变较大时不适用。

摄影测量方法主要有直接线性变换法、空间后方交会法、光束法、平差法等，其原理都是以共线方程为基础的摄影测量处理方法。

（4）数码相机的检校参数。

以某型号相机为例，经严格检校后的相机参数如下：

Cell size = 6.4 μm	单像素大小
$F = 2.4330E + 001$	焦距
$x_0 = - 4.5619E - 002$	主点偏移
$y_0 = 1.2402E - 001$	主点偏移
$A_1 = 1.8459E - 004$	径向畸变参数
$A_2 = - 2.6154E - 007$	径向畸变参数
$A_3 = - 1.0143E - 010$	径向畸变参数
$P_1 = 2.0868E - 005$	切向畸变参数
$P_2 = 5.9222E - 006$	切向畸变参数
$B_1 = 1.3786E - 005$	面阵畸变参数
$B_2 = 4.304IE - 005$	面阵畸变参数

6）航摄时的数码相机调校

在实际航摄时，无人机搭载的数码相机都采用手动曝光模式，即将曝光放在 M 挡上，目的是保证每张相片的参数都一致。

2. 相机参数设定

通过大量的无人机飞行航拍试验，证实了单反数码相机能够满足无人机摄影测量的需求。在航空摄影测量中，为了获取高精度的无人机影像，我们系统、深入地研究了无人机的相机参数，现对其主要参数做简要介绍。

1）感光度

感光度在数码摄影中是相机影像传感器对光线敏感程度的度量标志，经常采用“ISO”来表示。数码相机的 ISO 是通过调整感光器件的灵敏度或者合并感光点来实现的，提高感光度，不仅可以提高相机拍摄黑色调景物的能力，还可以提高快门的速度；降低感光度，即降低相片中影调的亮度，但可以使深暗色调的景物色彩得到较好的再现。

2）光圈

光圈用来控制透过镜头进入机身内感光面的光量，是镜头的一个极其重要的指标参数。它的大小决定着通过镜头进入感光元件的光线的多少，通常用 F 值（F = 镜头的焦距 / 镜头光圈的直径）来表示。

3）快门

快门是控制曝光时间的机件，快门从打开到关闭所经历的时间称为曝光时间，或称快门速度。快门与光圈的适当组合，可以使数码相机的影像传感器表面获得准确的曝光。在拍摄时，选用较高的快门速度，可以防止因相机与景物之间的相对位移造成的影像模糊。

4）景深

景深是指在镜头前沿着能够取得清晰图像的成像器轴线所测定的物体距离范围。通常在聚焦完成后，在焦点前后的范围内都能形成清晰的像，这一前一后的距离范围，便称之为景深。

3. 影响相机参数设置的因素

在无人机摄影过程中，对于地形各异、变化万千的地物、地貌，如何设置相机参数才能获取高质量的影像？通过大量的航拍试验分析，我们归纳总结了影响相机参数设置的主要因素。

1）光源

光源的强度是影响摄影曝光的重要因素之一。野外摄影的光源主要是自然光，而自然光的强弱又与天气阴晴、时间早晚、季节变化和地域差异有密切的关系。天气的变化一般可分为晴空万里、薄云蔽日、阴云遮日、乌云密布，这4种天气在曝光控制上，一般为各差1级光圈或快门速度。光源的强度还伴随着时间的不同而有所差别：中午前后光强最大；日出后和日落前2 h为中午的1/2；日出后和日落前1 h为中午的1/5～1/4。日出时和日落时约为中午的1/10，实际工作中应根据不同时间来调节曝光量。因四季的不同，导致太阳光对地球表面的照射角度有直射和斜射之分。夏季为直射光，光源强度最大；冬季为斜射光，光源强度最小；春、秋两季则介乎冬、夏之间。它们对曝光控制来说，光源强度各相差1倍。地域的变化受纬度和海拔两方面因素的影响。

一般来说，纬度每差10°～15°，曝光量就相差1倍。高山或高原上酌情减少曝光量。

2）测光

在具体拍摄时，根据曝光需求来设置测光模式，期间多注意观察环境光线，并估算被摄物体的色调与环境的反差之间的关系，从而适当调整光圈和快门，来获取各种不同需求的影像。在实际作业中一般先远处、后近处测光，最后根据实际选取。

在具体作业中，无人机摄影测量系统一般是地毯式扫描，相机的位置与太阳光线的夹角始终在变。因此，要获取成像清晰、层次丰富、色调柔和且色彩平衡的影像，对于不同的地物、地貌，相机应设置成不同的参数。

相机首先要做到调焦无穷远，利用机械装置固定，并购置专业的相机安放设备箱进行安全运输。注意事项如下：

①先在地面拍摄，目的是检测影像是否发虚，并设置好本次飞行需要的光圈和快门；

②把相机装入无人机或从无人机中取出时，应轻拿轻放，避免触碰镜头；

③无人机起飞之前检查是否使用M挡，镜头盖是否打开，相机是否工作正常，是否有电；

④飞行过程中，安排一名人员负责记录每条航线的曝光数，目的是与最终的影像数进行比对；

⑤飞行结束后先看相片总数是否正确，目的是怕飞行过程中相机停止工作，总数正确才能将影像下载；

⑥检查每一张相片是否能够打开，挑选几张（城区、城区边缘、山区）在 Photoshop 里进行查看，要求不发虚、曝光不过度；

⑦派一人负责记录飞行情况，不管有无问题都要记录，如有问题则应详细注明出现问题的情况、经过和结果，还应将天气、场地情况、摄区情况等基本信息记录在案；

⑧飞行队应每日将记录情况（文档）发给技术负责人，如因在路途中无法上网等原因造成延迟，则应以短信通知。

3.4.3 无人机操控技巧

1. 风速较快时的操控方式

由于无人机体积小、重量轻，飞行时受气流的影响很大，在风速较大的时候不易保持稳定的飞行状态，所以大风天气不适合进行航摄作业，但是作业时难免会遇到天气变化的情况。遇到大风时，无人机的控制就会变得比平时困难。在不改变无人机动力大小的情况下，无人机相对空气的运动速度是不变的，所以对于地面的操纵者而言，顺风时的飞行速度要远大于逆风时的飞行速度。无人机在下风处飞行时，很容易被风吹得距离过远，距离过远又会让操纵者看不清飞行姿态，不能准确地控制无人机，结果很难控制无人机飞回来，为了安全起见，无人机的飞行区域应该控制在上风处和距离不远的下风处。

2. 起飞滑跑时发生意外的应对

无人机航测作业时，往往不能在很理想的场地进行。场地本身不平整很容易使无人机在起飞滑跑时发生意外的转向。此时无人机还在地面，离人群较近，并且无人机处于加速阶段，发动机工作在最大功率，螺旋桨转速也最大，处理失当就容易对人身安全造成危害。所以一旦在起飞滑跑阶段出现异常，第一反应就是将发动机油门减到最小，尽量将其熄火，同时使无人机的行驶路径远离人群。按照规范的操作要求，起飞时操纵者应该站在无人机后侧，其他人员全部站在操纵者身后。这样飞行方向和操纵人员的身体朝向一致，可以在异常情况发生时最大限度地缩短操纵者的反应时间，保护人身安全。

3. 操作失误时的应对

操作失误造成无人机飞行状态异常，比如在转向时打错副翼，无人机倾斜角过大造成升力不足，无人机飞行高度迅速下降，此时如果惊慌失措、下意识地想通过操纵升降舵使无人机恢复高度，只会适得其反，因为无人机往往会以更快的速度掉高。在发生这种情况的时候，首先应该冷静，迅速地通过操纵副翼将无人机姿态修正，然后操纵升降舵将无人机爬升到安全位置。航测用无人机由于搭载有精密仪器，在飞行中没必要也不允许出现激烈的动作。在操纵其飞行时手法应当尽量柔和，动作不能过大，特别是时刻注意反向修正，即“回舵”，在每次对无人机下达任何控制命令改变飞行姿态之后，都要及时将无人机姿态修正为正常平稳状态，时刻保持反向修正的意识的重要性更体现在应付突发情况方面，比如副翼操作时动作过大，或者副翼打反时，尽快下达一个与刚才相反的指令，使无人机恢复正常航行状态。

4. 推杆的使用

推杆指向前推升降舵操纵杆使无人机机头下沉。当推杆动作过大时无人机会呈现明显的俯冲姿态，这种状态是相当危险的，因为无人机在处于一定高度之上时，有充分的空间和时间来应付各种异常状态，而无人机处于俯冲状态时高度快速降低，重力势能转化为动能，从而下降速度也不断加快，这时留给操纵者的反应空间和时间就大大缩短了，容易造成飞行事故。此外，航拍飞行任务也不同于特技飞行，航拍无人机飞行状态要求尽量稳定，不会进行大幅度的动作调整，所以一般不进行推杆操作。但是在无人机起飞时拉杆过猛，起飞仰角过大，使无人机处于失速状态边缘时，就需要果断推杆，将机头压低到正常角度，获得升力和速度，让无人机正常爬升。在起飞阶段，无人机滑跑到达一定速度时，通过拉杆操作抬起机头，当获得合适的仰角后使杆回中，保持仰角不变。无人机以一定的迎角向上爬升，保持状态稳定到达安全高度后再进行下一步的操作。当忘记使拉杆及时回中，或者因急于使无人机起飞，而操作拉杆过猛时，都会使无人机的迎角远大于正常值，这时机翼的投影面积过小，升力不足，无人机很快进入失速状态，以致侧翻坠落。所以，当发现迎角过大时，就要立刻推杆，减小迎角，稳定无人机状态，此时推杆过猛无人机则直接向地面俯冲，同样会造成坠机的后果，所以此时的推杆操作既要迅速，也要准确，这个时候的无人机离地面往往只有1m左右，如果推杆操作不到位就没有任何其他措施可以避免坠机了，机会稍纵即逝，所以此时就需要果断的判断和准确的操作相配合了。

5. 降落时保持合适的下滑角

无人机降落过程与起飞相反，无人机不断减速，机头水平向下保持稳定的角度逐渐降低高度，直到最后平稳低速地接触地面，完成着陆过程。如果机头下沉的角度过大，则无人机进行俯冲时降落速度过快；反之机头上扬时，速度减小太快，无人机升力不足，易导致失速；机头水平则降落航线太长，易超出肉眼可以清晰观察的范围。所以，降落时要严格控制下降角度，机头上扬即仰角偏大时，不能通过采取起飞时推杆压低机头的做法来恢复姿态，因为降落时主要是依靠无人机的惯性进行滑翔，基本没有动力，当机头上扬无人机减速后，由于升力不足，机头会向下沉，推杆或杆回中易造成机头下沉过多，进入俯冲姿态，这时又要拉杆抬高机头，但无人机只是刚进入俯冲姿态，速度并没有增加，机头抬高会增加阻力，让无人机再次减速，结果机头又迅速下沉，如此进入恶性循环，无人机波浪式飞行，很难重新平衡。所以这时正确的做法是根据无人机仰角的大小将升降舵操纵杆相应地稍微回中并保持不动，等机头下降接近水平位置时马上将升降舵操纵杆拉到合适位置，这时机头就处在刚刚下沉过水平位置后停止下沉的状态，保持一个合适的小角度向下滑行，从而进入正常的降落姿态。

3.5 多旋翼无人机智能航测飞行控制

“诠巡”无人机移动地面站航测软件是广东工贸职业技术学院教学与科研人员开发的多旋翼无人机航测飞行控制软件，采用大疆最新 SDK，针对自动化飞行进行了全面、全新设计，是一款无人机智能作业系统，涵盖点、线、面等多项解决方案，全面诠释无人机全自动智能化巡检。软件支持大疆最新所有无人机型，同时支持大疆飞控定制无人机，首次提出同点起飞的精细化巡检方案。针对倾斜摄影，为保证旁向重叠率和减少航测时间，经多项理论与实践论证，提出了简化至单相机航拍 3 遍的飞行方案。

该软件结合 GIS 平台，无任何其他平台的依赖性，可拓展开发能力强，支持国内外常用坐标系，支持 7 参数转换，可动态加载服务器发布数据。同时，软件支持导入 TXT、Excel、KML、SHP 等常用格式文件，也支持拓展与服务器交互，实现各组人员登录后的动态更新，免数据导入，实现了便利化的智能应用。

3.5.1 矩形航测

打开软件，单击“矩形航测”，软件会自动根据当前位置初始化矩形飞行区域，右侧会弹出无人机航空测绘飞行设置界面，默认为正射模式。

1. 设置说明

① 航高：无人机相对起飞点的航飞高度。对应航飞高度和相应相机参数，实时显示地面分辨率，如大疆御无人机，设置航高 150 m 的情况下，计算出的地面分辨率为 6.48 cm。

② 旁向重叠：由于航线不同，重叠部分虽是同一地面，但影像不完全相同。旁向重叠部分的长度与相片长度之比，称为“旁向重叠度”，以百分数表示。传统航测为 35%左右，无人机航测一般设置为 60%～85%。默认 70%即可。

③ 航向重叠：航空摄影中，沿同一航线的相邻相片上的同一地面影像部分。由于相邻相片是从空中不同位置拍摄的，故重叠部分虽是同一地面，但影像不完全相同。沿航向重叠部分与相片长度之比，称为“航向重叠度”，以百分数表示。无人机航测航向重叠度一般设置为 70%～85%，默认 80%即可。

④ 最大速度：无人机执行任务时的最高航速。与实地风速等环境因素相关，最高速度不会超出所设置的时速。

⑤ 切换起点：在矩形四角上有红旗标识的是此次任务的起点，单击“切换起点”按钮可以在四个角上进行切换。

⑥ 存储：可在未连接无人机的情况下设置好任务，到达起飞目的地直接加载任务即可执行该任务。保存后的任务存放于“加载航测任务”中。

2. 操作说明

① 任意节点缩放：单击矩形外廓 8 个节点，对应节点可动，3 个节点会相应放大，拖动节点，可实现矩形边长的调整。8 个节点都可被激活、拖动缩放。

②移动：单击矩形中间后拖动图片，图片透明度变小，移动图片时则更清晰，移动手指可实现矩形移动。

③旋转：单击矩形中心，移动图片外任何区域，滑动手指可实现矩形的任意旋转。

3. 飞行区域颜色说明

①绿色：可单次完成航飞任务。

②橙色：可单次完成航飞任务，提醒飞行人员注意飞行时间，电池电量需基本饱和。

③红色：单次无法完成航飞任务，可能需要续飞。

4. 飞行停止、续飞

任务成功提交且完成检查后，任务被记录至航测任务库，“提交”按钮将变成“停止”按钮。飞行过程中，当电量不够时，将会弹出报警对话框，单击“确认”按钮，任务将被暂停，无人机召回。同样，任务执行过程中，可单击“停止”按钮，停止当前任务，此时“停止”按钮将变为“续飞”按钮，待换电池后，单击“续飞”按钮可继续飞行。

5. 任务完成，自动返航

任务完成后，软件将自动停止拍摄照片，弹出“任务完成”对话框，如图3.19所示。单击“确认”按钮自动返航，若15 s内单击“取消”按钮，无人机将悬停，等待新的任务。

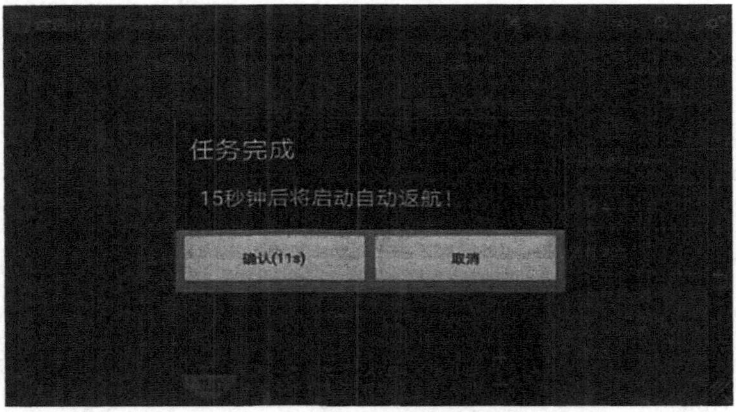

图3.19 任务完成，自动返航界面

建议：为节省起飞电量，可在飞完第一个任务后待命，等待飞行下一个任务，待报警提示后再返航。

注意：由于软件为根据电量估算，与具体飞行位置、飞行时风量等有关系，仅供参考。

飞行过程中，因软件弹出“电池电量不够”对话框或单击“停止”按钮导致任务执行中断的，才可以续飞。其他异常或遥控打断任务执行的，软件将无法识别续飞状态，无法进行续飞。

6. 多架次倾斜摄影数据采集

单击“倾斜模式”，飞行参数与正射方式一致，“模式0”飞行方式和正片数据采集相同。“模式1”为前倾40°方式。

“模式 2”为后倾 40° 方式。

“模式 3”为垂直方向前倾 40° 方式。

“模式 4”为垂直方向后倾 40° 方式。

飞行过程中，可根据需要选择同区域飞行组。

由于软件可设置为“直接续飞”或“重新加载任务续飞”，所以在电量超过 35%时可继续执行任务，飞行任务节点数不超过大疆 SDK 中规定的 99 个点要求，即可起飞。

3.5.2 多边形航测

多边形航测与矩形航测类似，可最大化利用无人机电池，其正射、倾斜航测方式与矩形航测基本一致。

1. 参数说明

多边形航测的基本设置与矩形航测一致，差别是飞行方向参数。

飞行方向是无人机航测时的飞行机头方向。飞行方向影响拍照水平方向，支持 0°~179° 全水平角度。调节飞行方向，可使得飞行方向和多边形更为贴合。

2. 节点操作

多边形航测节点操作说明如表 3.2 所示。

表 3.2 多边形航测节点操作说明

按钮	作用
	编辑过程回退
	编辑过程前进
	删除所选节点，只有激活节点后才可用
	编辑过程中可捕捉界面其他节点

1）依次增加节点

打开工具箱航空测绘页，单击“多边形航测”按钮，在底图通过单击绘制多边形区域。

注意，单击三个点以上才会形成区域。

2）移动节点

单击想移动的节点，该节点将变成黄色，处于激活状态，单击目标位置，该节点将移动至单击位置。

3）删除节点

单击想删除的节点，该节点将变成黄色，处于激活状态，单击删除按钮，该节点将被删除。

4）添加节点

在需要增加节点的边上，单击圆形中点，该中点显示黄色，处于激活状态，单击想增加节点的位置，实现该边节点的增加。

5）切换选择节点

单击节点，节点激活，再单击另外的节点，可实现节点激活切换。

6）回退操作

单击回退按钮，实现回退操作，回退操作支持最近 5 步。

7）前进操作

单击前进按钮，实现回退操作的前进操作，前进操作支持最近 5 步。

3.5.3 航测任务管理与续飞

1. 任务载入

每一次成功飞行执行任务时，软件将自动记录该任务。执行任务过程中，若单击了“停止”按钮，或电池电量不够提示返航时，确认后该状态将被记录，任意被成功启动的航测任务都可进入任务队列被重新载入，如图 3.20 所示。

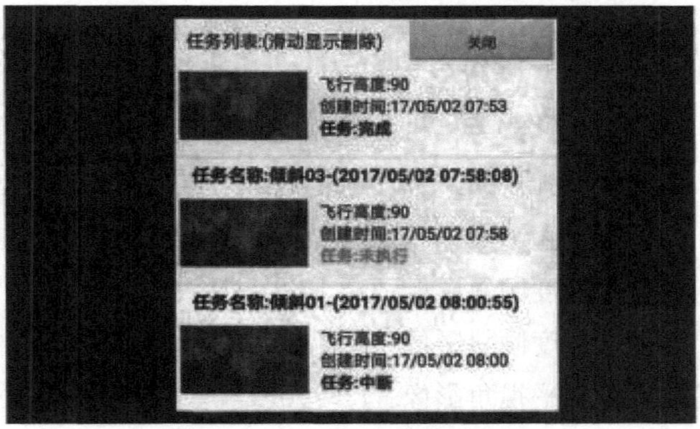

图 3.20 任务载入操作示意图

离线状态下存储的任务也在此加载，直接单击存储的任务，即可开始执行。任务载入后，蓝色提示已完成，绿色提示未执行，红色提示被中断。

2. 续飞

单击任意任务项，该任务将被重新调用。软件会根据任务执行状态，确定显示内容，中断的任务会用红色圆点显示位置。

3. 删除任务

在任务上向右滑动手指，将显示“删除”按钮，单击“删除”按钮，在弹出的确认对话框中单击“确认”按钮，实现任务的删除。如图 3.21 所示。

图 3.21 任务删除操作示意图

对于倾斜航测任务，软件载入任务时会自动弹出其 0~4 分项任务执行状态，任意选择其中一项，软件会自动识别该区域其他任务的执行状态，关联至相应任务项。

第 4 章

无人机倾斜摄影测量与三维测图技术

4.1 倾斜摄影概述

4.1.1 倾斜影像定义

倾斜影像为相机主光轴在有一定的倾斜角时拍摄的影像。按照主光轴倾斜角（t）不同，可以将倾斜影像分为以下几类：

① 垂直影像：$t \leqslant 5°$；

② 轻度倾斜影像：$5° < t \leqslant 30°$；

③ 高度倾斜影像：$t > 30°$；

④ 水平视角影像：$t > 90°$。

传统的下视影像可以很好地观测到地面和屋顶特征，但缺少侧面信息，整幅影像具有固定的比例尺；而倾斜影像可以观测到建筑物侧面纹理，但是存在更多的遮挡，影像不同地方的比例尺也不一样。倾斜影像与下视影像对比，如图 4.1 所示。

（a）下视影像　　（b）倾斜影像

图 4.1 倾斜影像与下视影像对比

4.1.2 倾斜摄影特点

传统三维建模通常使用 3ds Max，AutoCAD 等建模软件，基于影像数据、AutoCAD 平面图或者拍摄图片估算建筑物轮廓与高度等信息，进行人工建模。这种方式制作出的模型数据精度较低，纹理与实际效果偏差较大，并且生产过程需要大量的人工参与；同时数据制作周期较长，造成数据的时效性较低，因而无法真正满足用户需要。

倾斜摄影测量技术以大范围、高精度和高清晰的方式全面感知复杂场景，所获得的三维数据可真实地反映地物的外观、位置、高度等属性，增强了三维数据所带来的真实感，弥补了传统人工模型仿真度低的缺点。同时该技术借助无人机飞行载体可以快速采集影像数据，实现全自动化的三维建模。试验数据证明：传统测量方式需要 1~2 年的中小城市人工建模工作，借助倾斜摄影测量技术只需 3~5 个月就可完成。

与传统的垂直航空摄影相比，倾斜摄影技术有一定的突破性。它不仅在数据的获取方式上有所不同，而且后期数据处理方法及获得的成果也不相同。倾斜摄影技术主要是从多角度、多方位地对地物进行信息采集，因而能从三维的角度获得更多的信息。

1. 倾斜摄影建模的优势

相比其他三维实景建模方式，倾斜摄影建模具有以下几个方面优势。

① 反映地物周边真实情况。相对于正射影像，倾斜影像能让用户从多个角度观察地物，能够更加真实地反映地物的实际情况，极大地弥补了基于正射影像应用的不足。

② 倾斜影像可实现单张影像量测。通过配套软件的应用，可直接基于成果影像进行包括高度、长度、面积、角度和坡度等的量测，扩展了倾斜摄影技术在行业中的应用。

③ 建筑物侧面纹理可采集。针对各种三维数字城市应用，利用航空摄影大规模成图的特点，加上从倾斜影像批量提取及贴纹理的方式，能够有效地降低城市三维建模成本。

④ 数据量小，易于网络发布。相较于三维 GIS 技术应用庞大的三维数据，应用倾斜摄影技术获取的影像的数据量要小得多，其影像的数据格式可采用成熟的技术快速进行网络发布，实现共享应用。

2. 倾斜摄影建模的问题

尽管倾斜摄影建模技术有诸多优点，但是也存在不少问题，主要体现在以下几个方面。

① 高精度影像匹配的问题。倾斜航空摄影后期数据影像匹配时，因倾斜影像摄影比例尺不一致、分辨率差异、地物遮挡等因素导致获取的数据中含有较多的粗差，严重影响后续影像空三精度。然而，如何利用倾斜摄影测量中包含的大量冗余信息进行数据的高精度匹配是提高倾斜摄影技术实用性的关键。

② 三维建模完整表达。倾斜摄影测量所形成的三维模型在表达整体的同时，某些地方存在模型缺失或失真等问题。因此，为了三维模型的完整准确表达，需要进行局部区域的补测，常用方法是人工相机拍照或者使用车载近景摄影测量系统进行补测，增加了人工工作量。

③ 建模并行处理的问题。倾斜摄影影像具有重叠度高、数据冗余度大、影像倾角大、模型成果数据量大等特点，造成在建模中运算速度慢、空三解算失败、模型修正困难和数据应用困难等多方面问题。

随着科技的发展，无人机成为倾斜摄影测量实用的载体，为了增加其便携性和灵活性，无人机的续航能力不强。因此，电池的续航能力成为其推广的限制条件，研制体积小、长续航的电池迫在眉睫。

4.1.3 倾斜摄影技术的国内外现状

1. 国外倾斜摄影技术

国外从 20 世纪 90 年代就已经开始关注倾斜摄影测量技术，目前此技术在北美和欧洲的应用已经非常普遍。美国的 Pictometry 公司研发了 Pictometry 倾斜影像处理软件，可以对倾斜影像实现精确定位，具备影像轮廓自动提取及自动贴纹理等功能。法国 Acute 3D 公司自主开发的 Smart 3D Capture 是一款基于图形运算单元 CPU 进行快速三维场景运算的软件，是无须人工干预就可以生成实景真三维模型的软件解决方案。法国 In-foterra 公司的街景工厂 Street Factory 系统用于对倾斜影像建立三维模型。俄罗斯的 Agisoft PhotoScan 软件、微软 Vexcel 公司 Ultramap 软件、以色列的 Vision Map 软件，以及基于 INPHO 软件的 AOS 系统都是基于倾斜摄影测量的三维建模软件。2015 年 9 月在世界测量和地理信息产业会议 INTERGEO 上，Skyline 正式发布其新版本的三维建模软件 PhotoMesh 6.6，它运用了底层架构技术，并且设计了全新的用户界面，主要用于处理海量数据，此软件使实景三维建模进入了云计算时代。

航空摄影测量成为三维精细建模主要手段，多角度倾斜航空系统逐渐成为城市精细三维建模的重要数据采集装备。多时相合成孔径雷达（SAR）干涉测量、极化干涉测量和 SAR 层析建模技术是近年来的研究热点。机载激光雷达（LiDAR）技术已成为复杂地形测量和三维建模的重要手段。地面移动激光扫描系统可以快速获取目标三维坐标和属性信息。基于多源传感器的数据融合与反演服务成为遥感技术应用新趋势。

2. 国内倾斜摄影技术

2010 年，北京天下图公司第一次引进倾斜摄影技术。北京天下图公司与美国 Pictometry 公司合作，把该公司的机载倾斜摄影设备和具体的生产方案带入中国，弥补了我国倾斜摄影技术领域的空白，这也是我国第一次成功引进具有世界领先水平的倾斜摄影技术。刘先林院士研制的 SWDC-5 倾斜摄影系统同时从五个角度对建筑物进行拍摄，并且利用 POS 系统获取影像的位置、姿态信息，并且在河南进行了飞行试验。中科院遥感地球所也初步完成了四光学相机无人机遥感系统的研制设计，并且在江苏苏州及浙江嘉善县成功地进行了飞行试验。武汉华正空间有限公司也研制了自己的地理信息应用平台系统“3D Real World”，它所具有的“影像三维量测”技术能提供真实、实时和可量测的三维空间信息服务，该软件已经超越了国际上其他很多软件。广州市红鹏直升机遥感科技有限公司于 2010 年研发出国内第一台轻型倾斜相机，并于 2013 年率先在业内研发出了基于电动旋翼无人机的微型倾斜摄影产品，带动了国内低空倾斜航空摄影技术的迅速发展。

目前，国内很多公司研发的倾斜摄影平台，基本上都是由一个正射角度的中心相机和周围均匀分布的几个具有一定倾斜角度的相机所构成。其中，最为典型的就是五镜头倾斜平台，在工作状态下，中间相机光轴垂直于水平面，四个方向上分别分布一个光轴与水平面成 45° 角的相机，这就满足了无人机在一次飞行过程中，同时完成同一地物或特征点三张以上不同角度影像的覆盖，可据此构建三维实景模型。影像数据不仅能够真实地反映地物情况，而且可通过先进的定位技术，嵌入地理信息、影像信息，获得更高的用户体验，极大地拓展遥感影像的应用范围。

4.1.4 倾斜摄影技术的发展方向

倾斜摄影模型具有真实的影像纹理，因而每个模型三角面都与其纹理一一对应，这样模型的数据量就非常庞大，对 GIS 软件的加载及实时渲染是一个难点；倾斜摄影模型本身并不是一个一个的单体模型，所有的地物都连在了一起，成为“一张皮”，那么如何管理、查询、分析、应用就成为非单体化倾斜摄影模型应用的又一难点，下面介绍目前的两个重要发展方向。

1. 利用真三维、高精度三维模型直接测量

无人机航空摄影一直以姿态稳定性较差为其软肋，近年来，无人机搭载差分系统趋于成熟，在一定程度上减少了需要布设的外业像控点，甚至国内一些公司已经研制无人机差分系统软硬件技术，试验证明无地面像控点可以做到满足 1∶500 比例尺地形测图的精度，并在多家生产单位成功进行了试生产应用。因此，利用差分系统，结合高分辨率、小体积相机的发展，以及集群式后处理系统的发展，无人机倾斜摄影基本可以实现当天飞行获取图像，当天完成高精度模型的建立。高达 2～3 cm 的模型分辨率可以重现真实世界的每一个细节。

当倾斜影像精度满足测绘精度要求后，既可基于成果影像量测，也可以利用生成的真实模型进行各种尺寸量测，例如地物高度、长度、投影平面面积、表面积、角度、坡度及量测挖填土方量等。这种高精度、高分辨率真实世界的模型在各个行业领域的实用性将会大大提高。

多年来，地形测绘等地理信息获取工作主要采用的是野外人工测量模式，作为外业测绘人，经常跋山涉水，常年在野外奔波，这样的外业劳动存在强度大、工序复杂、耗工费时、成本高等一系列的问题。而随着现代科技的发展，测绘行业对于地理信息数据的精确性、时效性要求越来越高，人工成本和时间成本也为行业带来巨大的压力和负担。因此，测绘行业急需能够快速、高效、准确地获取地理信息和数据的解决方案。

在大比例尺地形测量中，航测方法已经成熟，已经逐渐取代大面积全野外测图，但是无论是先内后外还是先外后内的航测作业模式，外业像控、调绘、检查的工作量依然很大。而近年来，国内外多家公司陆续推出利用高精度三维模型上直接采集地形要素的解决方案，利用倾斜摄影侧面信息可用的特点，快速获取城市的地物信息，可在不需要专业立体显示采集设备及专业立体测图技术人员的情况下，直接在裸眼可视的立体模型表面采集要素和部分属性信息。例如直观可数的楼层层数，直接从侧面四周量取房屋外围轮廓线，各种道路、企事业单位名称注记，各种建筑物结构，独立地物的高度，地形地貌类型，等。尤其提高了采集正视方向被遮挡地物的可能性，例如窑洞的位置、大树下的房屋边线的准确位置、树木遮挡的道路边线及道路附属设施等，可用于快速生成数字线化图。

这种新的采集模式极大地调节了测绘内、外业的协同工作比例，把过去需要的大量外业工作转变为内业工作，可减少由天气等外因造成的外业调绘工作延误，降低了外业直接生产

成本，极大地减少了外业劳动强度，提高了工作效率。相信这项技术经过不断发展和改善，会逐渐得到普及应用。

2. 大面积单体化应用准确高效

“单体化”是一个个可以被单独选中的实体，具体体现为鼠标单击实体可以高亮显示，并附加单独的属性，以供在 GIS 中查询、统计等。以建筑物为例，目前国内外一般用三种模式来体现倾斜摄影模型单体化。

① 第一种为“切割单体化”，就是用建筑物、道路、植被等对应的矢量面，对倾斜摄影模型进行统一切割，即把模型从物理上分开，从而实现单体化。其优点是大面积切割快，缺点是预处理矢量面时间长，需要矢量面和模型严格套合，切割后的模型锯齿感明显，例如国外的 Citybuilder 就是采用的这种模式。也可以使用人工干预，依据倾斜摄影模型重新构建单个的三维模型，类似于人工建模，例如国内天际航的 DP-Modeler 等。其优点是模型漂亮，属于真正的单体化；缺点是人工工作量大，周期长。

② 第二种为“属性单体化”，计算矢量面与模型的交点，为位于矢量面中的所有模型的顶点都赋予同一个属性值，当鼠标点击时，相同属性值的模型顶点同时高亮显示，达到单独显示的目的。其优点是显示速度快、无锯齿；缺点是预处理时间长，存储数据增大，属于半单体化。

③ 第三种为“动态单体化”，是在第二种的基础上演变而来的，此方法不单独存储属性值，而是采用实时动态计算的方式，并用矢量面与模型叠加蒙版显示，从外观上与第二种相似。其优点是显示效果好、无锯齿，预处理时间短；缺点是实时计算对设备要求高，对网络的传输要求较高，属于表象单体化，模型依然为整体模型。

另外，利用无人机倾斜摄影快速生成的三维模型，可以友好对接多个第三方平台，从而实现更多应用，例如实时三维平台视频监控、地下管线三维管理、真实三维直观淹没分析（用于城市低洼地区管理）、空间可视域分析（主要用于安保工作）、基于倾斜摄影真实的地形剖面分析等，目前也随着无人机倾斜摄影的低成本、高效率而逐渐得到广泛应用。

无人机倾斜摄影技术的诞生，正在逐渐颠覆传统测绘的作业方式。该技术通过无人机低空搭载先进的定位设备和多镜头摄影设备获取高清晰的立体影像数据，实时嵌入精确的地理信息，获取更丰富的影像信息，后期可快速自动生成三维地理信息模型，快速实现地理信息的获取。随着电子技术的发展，以及国内外的软硬件厂商的开发应用，无人机倾斜摄影及其后期应用由于其效率高、成本低、数据精确、操作灵活等特点，将会得到更加广泛的应用。

倾斜摄影三维模型以“全要素、全纹理”的方式来表达空间，提供了不需要解析的语义，是物理城市的全息再现，倾斜摄影三维技术是当今三维建模技术的主流，也代表着未来的发展方向。

4.2 倾斜摄影测量原理

倾斜摄影技术是国际测绘遥感领域新发展起来的一项高新技术，融合了传统的航空摄影、近景摄影测量、计算机视觉技术，颠覆了以往正射影像只能从垂直角度拍摄的局限，通过在同一飞行平台上搭载多台传感器（目前常用的是五镜头相机），同时从垂直、前视、左视、右视共 5 个不同角度采集影像，获取地面物体更为完整准确的信息。垂直地面角度拍摄获取的影像称为正片，镜头朝向与地面成一定夹角（一般为 15°～45°）拍摄获取的影像称为斜片。

如图 4.2 所示为在测绘倾斜摄影中常用的 Leica RCD30、SWDC-5 两款 5 镜头相机。

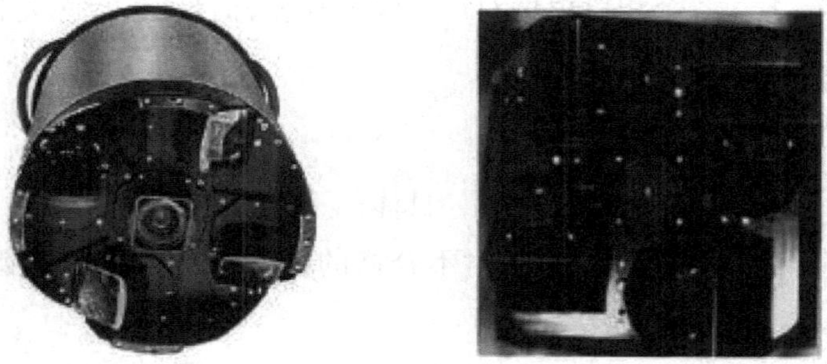

（a）Leica RCD30 相机　　（b）SWDC-5 相机

图 4.2 两款 5 镜头相机

图中，图 4.2(a) 为瑞典产相机，图 4.2(b) 为中国产相机。

飞机搭载 5 镜头相机，进行垂直、斜前、斜后、斜左、斜右 5 张照片数据采集。同时，飞机高速飞行过程中，镜头高速曝光，形成连续的满足航测航向重叠度、旁向重叠率的影像数据采集。

倾斜摄影采集的多镜头数据，通过高效自动化的三维建模技术，可快速构建具有准确地理位置信息的高精度真三维空间场景，使人们能直观地掌握区域目标内的地形、地貌和建筑物细节特征，在原先仅有正片的基础上，提升数据匹配度，提升地物平面、高程精度，为测绘、电力、水利、数字城市等提供现势、详尽、精确、真实的空间地理信息数据。如图 4.5 所示。

4.3 倾斜摄影作业流程

4.3.1 倾斜影像采集

倾斜摄影技术不仅在摄影方式上区别于传统的垂直航空摄影，其后期数据处理及成果也大不相同。倾斜摄影技术的主要目的是获取地物多个方位（尤其是侧面）的信息，并可供用户多角度浏览、实时量测、三维浏览等，方便其获取多方面的信息。

1. 倾斜摄影系统构成

倾斜摄影系统分为三大部分，第一部分为飞行平台，包括小型飞机或者无人机；第二部分为人员，包括机组成员、专业航飞人员或地面指挥人员（无人机）；第三部分为仪器部分，包括传感器（多镜头相机）、GNSS 定位装置 [获取曝光瞬间相机的位置信息（即 x，y，z 三个线元素）和姿态定位系统（记录相机曝光瞬间的姿态，即 φ，ω，κ 三个角元素）]。

2. 倾斜摄影航线设计及相机的工作原理

倾斜摄影的航线采用专用航线设计软件进行设计，其相对航高、地面分辨率及物理像元尺寸满足三角比例关系。航线设计一般采取 30% 的旁向重叠度、66% 的航向重叠度，目前要生产自动化模型，旁向重叠度需要到达 66%，航向重叠度也需要达到 66%。

航线设计软件会生成一个飞行计划文件，该文件包含飞机的航线坐标及各个相机的曝光点坐标位置。实际飞行中，各个相机根据对应的曝光点坐标自动进行曝光拍摄。

4.3.2 倾斜影像数据加工与测量

1. 数据加工

数据获取完成后，要进行数据加工工作，具体如下：

首先要对获取的影像进行质量检查，对不合格的区域进行补飞，直到获取的影像质量满足要求；

其次进行匀光匀色处理，因在飞行过程中存在时间和空间上的差异，影像之间会存在色偏，这就需要进行匀光匀色处理；

再次进行几何校正、同名点匹配、区域网联合平差；

最后将平差后的数据（三个坐标信息及三个方向角信息）赋予每张倾斜影像，使得它们具有虚拟三维空间中的位置和姿态数据。

至此，倾斜影像数据加工完毕，影像上的每个像素均对应真实的地理坐标位置，可进行实时测量。

2. 数据测量

倾斜摄影测量技术通常包括几何校正、区域网联合平差、多视影像密集匹配、DSM 生成、真正射影像纠正和三维建模等关键内容，其基本流程如图 4.3 所示。

4.3.3 倾斜模型生产

倾斜摄影获取的倾斜影像经过数据加工处理，通过专用测绘软件可以生产倾斜摄影模型。模型有两种成果数据：一种是单体对象化的模型，另一种是非单体化的模型数据。

单体化的模型成果数据，利用倾斜

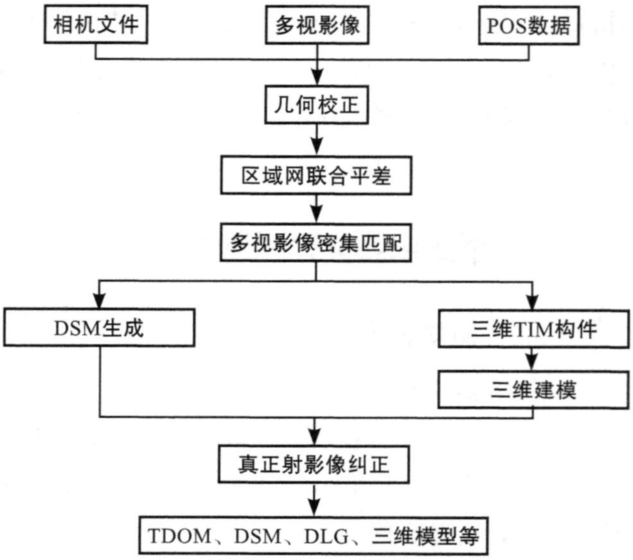

图 4.3 倾斜摄影测量技术流程图

影像的丰富可视细节，结合现有的三维线框模型（或者其他方式生产的白模型），通过纹理映射，生产三维模型，这种工艺流程生产的模型数据是对象化的模型，单独的建筑物可以删除、修改及替换，其纹理也可以修改，尤其是建筑物底商这种时常变动的信息，这种模型就能体现出它的优势，国内比较有代表性的公司如天际航、东方道迩等均可以生产该类型的模型，并形成了自己独特的工艺流程。

非单体化的模型，简称倾斜模型，这种模型采用全自动化的生产方式，模型生产周期短、成本低，获得倾斜影像后，经过匀光匀色等处理步骤，通过专业的自动化建模软件生产三维模型，这种工艺流程一般会经过多视角影像的几何校正、联合平差处理等流程，可运算生成基于影像的超高密度点云，用点云构建 TIN 模型，并以此为基础生成基于影像纹理的高分辨率倾斜摄影三维模型，因此也具备倾斜影像的测绘级精度。

这种全自动化的生产方式大大减少了建模的成本，模型的生产效率大幅提高，大量的自动化模型涌现出来。目前，国内比较有代表性的技术有上海埃弗艾代理的 Smart3D Capure、华正及 AirBus 代理的街景工厂（Street Factory）等。Smart3D Capure 软件基于图形运算单元（GPU）的快速三维场景运算软件，可生成基于真实影像的超高密度点云，无须人工干预，它就能从简单连续影像中生成逼真的三维场景模型。像素工厂通过对获得的倾斜影像进行几何处理、多视匹配、三角网构建，提取典型地物的纹理特征，并对该纹理进行可视化处理，最终得到三维模型。

无论是单体化的还是非单体化的倾斜摄影模型，在如今的 GIS 应用领域都发挥了巨大的作用，真实的空间地理基础数据为 GIS 行业提供了更为广阔的应用前景。单体化的倾斜摄影模型在 GIS 应用中与传统的手工模型一致，这里就不再赘述。

4.4 倾斜摄影数据处理

无人机倾斜摄影数据处理过程中，存在模型分辨率不一致、精度不可靠、格式不匹配等问题。但目前国家和行业内还没有明确针对无人机倾斜摄影的技术标准，一般都是以数据质量、甲方的需求和处理软件自身能达到的性能为准。行业内一般认为应遵循传统低空航摄的相关技术规范。相片的获取满足《低空数字航空摄影规范》《无人机航摄系统技术要求》《无人机航摄安全作业基本要求》，数据处理满足空三、DOM、DEM、DLG 等产品生产标准。参照《低空数字航空摄影测量内业规范》，本节提出一些无人机倾斜摄影数据处理技术指标与要求，为无人机倾斜摄影测量技术的从业人员提供一些参考。

4.4.1 航飞的质量要求

1. 相片重叠度的要求

航向重叠度一般应为 60%～80%，最小不应小于 53%；旁向重叠度一般应为 15%～60%，最小不应小于8%。在无人机倾斜摄影时，旁向重叠度是明显不够的。无论是航向重叠度还是旁向重叠度，按照算法理论建议值都是66.7%。可以分为建筑稀少区域和建筑密集区域两种情况来介绍。

1）建筑稀少区域

考虑到无人机航摄时的俯仰、侧倾影响，无人机倾斜摄影测量作业时在无高层建筑、地形地物高差比较小的测区，航向重叠度、旁向重叠度建议最低不小于70%。要获得某区域完整的影像信息，无人机必须从该区域上空飞过。以两栋建筑之间的区域为例，如果这两栋建筑的高度对这个区域能形成完全遮挡，而飞机没有飞到该区域上空，那么无论增加多少相机都不可能拍到被遮区域，从而造成建筑模型几何结构的粘连。

2）建筑密集区域

建筑密集区域的建筑遮挡问题非常严重。航线重叠度设计不足、航摄时没有从相关建筑上空飞过，都会造成建筑模型几何结构的粘连。为提高建筑密集区域影像采集质量，影像重叠度最多可设计为80%~90%。当高层建筑的高度大于航摄高度的1/4时，可以采取增加影像重叠度和交叉飞行增加冗余观测的方法进行解决。如著名的上海陆家嘴区域倾斜摄影，就是采用了超过90%的重叠度进行影像采集，以杜绝建筑物互相遮挡的问题。影像重叠与影像数据量密切相关。影像重叠度越高，相同区域数据量就越大，数据处理的效率就越低。所以，在进行航线设计时还要兼顾二者的平衡。

2. 相片倾角的要求

在《低空数字航空摄影规范》中，对测绘航空摄影中垂直摄影的相片倾角有如下规定：倾角不大于5°，最大不超过12°。现有的航测软件处理能力已经有了很大提升，可以在这个标准的基础上，把倾角15°以上的都划归到倾斜摄影的范畴。但相片倾角最大不能超过多少，暂时还没有明确的规定。

此外，对摄区边界覆盖保证、航高保持、漏洞补摄、影像质量等方面的要求，与常规无人机摄影测量的要求相同。

4.4.2 控制点布设要求

控制测量是为了保证空三的精度、确定地物目标在空间中的绝对位置。在“低空数字航空摄影测量外业规范”中对控制点的布设方法有详细的规定，这是确保大比例尺成图精度的基础。倾斜摄影技术相对于传统摄影技术在影像重叠度上要求更高，目前规范中关于控制点布设的要求不适合应用于高分辨率无人机倾斜摄影测量技术。无人机通常采用GNSS定位模式，自身带有POS数据，对确定影像间的相对位置作用明显，可以提高空中三角计算的准确度。

1. 常规三维建模

对常规三维建模，从最终空三特征点点云的角度可以提供一个控制间隔，建议值是按每隔20 000~40 000个像素布设一个控制点，其中有差分POS数据（相对较精确的初始值）的可以放宽到40 000个像素，没有差分POS数据的至少每隔20 000个像素布设一个控制点。同时也要根据每个任务的实际地形、地物条件灵活应用，如地形起伏较大的大面积植被及面状水域特征点非常少，需要酌情增加控制点。

2. 应急测绘保障建模

发生地震、山体滑坡、泥石流等自然灾害后，为及时获取灾区可量测三维数据，不能按照传统的作业方式进行控制测量，可通过在 Google 地图读取坐标、手持 GNSS 测量、RTK 测量等方式快速获取灾区少量控制点，生成灾区真三维模型，为灾后救援提供帮助。

4.4.3 倾斜摄影数据处理技术要求

倾斜摄影的影像预处理、空中三角（简称空三）测量计算要求，与无人机普通摄影测量要求相同，但在空三精度要求方面稍有区别，在《数字航空摄影测量空中三角测量规范》中，对相对定向中相片连接点数量和误差有明确的规定，但在无人机倾斜摄影空三测量中没有相对定向的信息，单个连接点的精度指标也未体现，不能完全按照传统空三测量挑选粗差点，可以从像方和物方两个方面来综合评价空三精度。物方的精度评定比较常用，就是对比加密点与检查点（多余像片控制点不参与平差）的坐标差；像方的精度评定，通过影像匹配点的反投影中误差来进行控制。空三测量常规的精度指标只能表现整体的精度范围，却不能看到局部的精度问题，通过外方位元素标准偏差更能全面地表现。

通俗来讲，空三运算的质量指标包括：是否丢片，丢得是否合理；连接点是否正确，是否存在分层、断层、错位；检查点误差、像控点残差、连接点误差是否在限差以内。

4.4.4 倾斜摄影数据处理关键技术

1. 多视影像联合平差

多视影像不仅包含垂直摄影数据，还包括倾斜摄影数据，而部分传统空中三角测量系统无法较好地处理倾斜摄影数据，因此多视影像联合平差需充分考虑影像间的几何变形和遮挡关系。结合 POS 系统提供的多视影像外方位元素，采取由粗到精的金字塔匹配策略，在每级影像上进行同名点自动匹配和自由网光束法平差，得到较好的同名点匹配结果。同时，建立连接点和连接线、控制点坐标、GNSS/IMU 辅助数据的多视影像自检校区域网平差的误差方程，通过联合解算，确保平差结果的精度。

2. 多视影像密集匹配

影像匹配是摄影测量的基本问题之一，多视影像具有覆盖范围大、分辨率高等特点。因此，如何在匹配过程中充分考虑冗余信息，快速准确地获取多视影像上的同名点坐标，进而获取地物的三维信息，是多视影像匹配的关键。由于单独使用一种匹配基元或匹配策略往往难以获取建模需要的同名点，因此，近年来随着计算机视觉发展起来的多基元、多视影像匹配，逐渐成为人们研究的焦点。

目前，在该领域的研究已取得了很大进展，例如建筑物侧面的自动识别与提取。首先通过搜索多视影像上的特征，如建筑物边缘、墙面边缘和纹理，来确定建筑物的二维矢量数据集；然后将影像上不同视角的二维特征转化为三维特征；最后在确定墙面时，可以设置若干影响因子并赋予一定的权值，将墙面分为不同的类，将建筑物的各个墙面进行平面扫描和分割，获取建筑物的侧面结构，再通过对侧面进行重构，提取出建筑物屋顶的高度和轮廓。

3. 数字表面模型生成

多视影像密集匹配能得到高精度、高分辨率的数字表面模型（DSM），该模型能充分地表达了地形、地物起伏特征，目前已经成为新一代空间数据基础设施的重要内容。由于多角度倾斜影像之间的尺度差异较大，加上较严重的遮挡和阴影等问题，基于倾斜影像自动获取 DSM 存在许多难点，生成 DSM 的步骤如下。

① 首先根据自动空三解算出来的各影像外方位元素，分析与选择合适的影像匹配单元，进行特征匹配和逐像素级的密集匹配，可引入并行算法，提高计算效率。

② 在获取高密度 DSM 数据后，进行滤波处理，将不同匹配单元进行融合，形成统一的 DSM。

4. 真正射影像纠正

多视影像真正射纠正涉及物方连续的数字高程模型（DEM）和大量离散分布粒度差异很大的地物对象，以及海量的像方多角度影像，具有典型的数据密集和计算密集特点。因此，多视影像的真正射纠正，可在物方和像方同时进行。在有 DSM 的基础上根据物方连续地形和离散地物对象的几何特征，通过轮廓提取、面片拟合和屋顶重建等方法提取物方语义信息，同时在多视影像上通过影像分割、边缘提取和纹理聚类等方法获取像方语义信息，再根据联合平差和密集匹配的结果建立物方和像方的同名点对应关系，继而建立全局优化采样策略和顾及几何辐射特性的联合纠正，同时进行整体匀光处理，实现多视影像的真正射纠正。

根据真正射处理流程中遮挡检测与正射校正的关系，可将真正射影像纠正分为间接法和直接法两大类，两种方法的基本流程如图 4.4 所示。

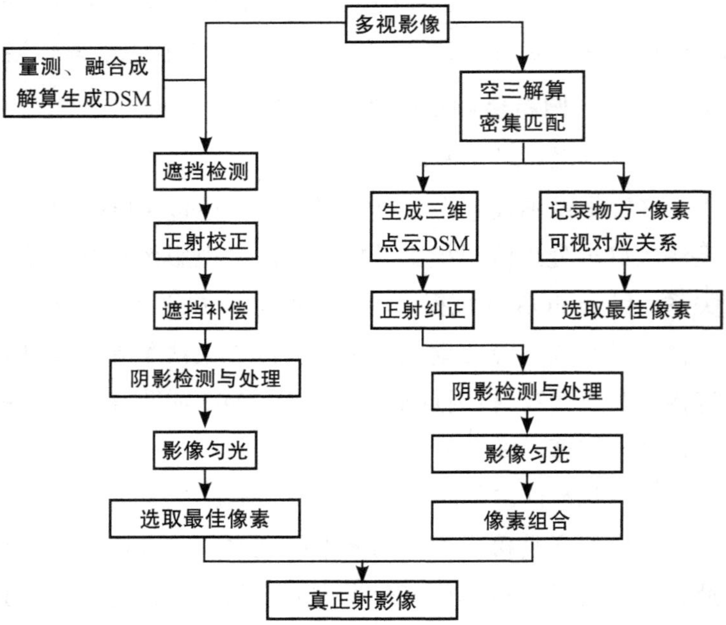

图 4.4 真正射影像纠正基本流程

1）间接法

间接法的主要特点是在正射校正环节之外独立进行遮挡检测，首先通过对物方 DSM 进行可见性分析，标记出遮挡区域；然后依据遮挡检测结果，对未被遮挡区域进行正射校正，遮挡区域保持空白；最后在辅助影像上搜索遮挡区域的可见纹理，进行遮挡补偿。

间接法最大限度继承了传统正射影像处理方法，仅添加了遮挡检测与遮挡补偿两个环节，但遮挡检测计算量大、复杂、费时，遮挡补偿又需要对多张辅助影像进行遮挡检测以得到所需的可见区域，使得影像匀光、拼接与无缝镶嵌更加复杂，因此往往需要人工交互。

2）直接法

直接法首先对多视影像进行空三解算、密集匹配，生成高精度的地表三维点云 DSM，同时在多视匹配过程中记录同名像点及其与地面点的可视对应关系；然后在正射校正过程中利用记录结果，选取地面点在影像上的最佳像素进行灰度重采样，避开了间接法中在物方－像方之间复杂的遮挡检测与遮挡补偿；最后以像素为单位组合生成真正射影像，避开了传统的影像拼接与镶嵌过程。

直接法是目前最有前途的全自动处理方法，但存在如下局限：

① 多视匹配对影像重叠度依赖性较强（在建筑物密集的城市区域，影像的航向重叠度和旁向重叠一般要求分别至少达到 68% 和 75%）；

② DSM 点云缺乏矢量信息，容易导致结果影像中的地物边缘模糊；

③ 多视匹配与同名点记录计算量大，在实际生产时需要采用并行处理，对软硬件要求比较高。

4.5　基于倾斜摄影的数字线划图生产

随着科技不断发展，测绘技术不断更新，地形图测量方法由传统平板白纸测图、经纬仪测图发展到现在的全站仪、GNSS、数字摄影测量等技术方法，后者数字化成图，在精度和效率上都有很大提高。近年来，天、空、地一体化测绘技术飞速发展，倾斜摄影就是其中的一种，它推动着地形测量向高科技、立体图形、内业测绘方向发生革命性的变化。

4.5.1　基于真正射影像图与 DSM 结合的数字线划图生产

由于真正射具有高精度的地物、地表平面信息，而 DSM 具备高程信息，因此针对这一特点，广东工贸职业技术学院无人机测绘技术研究团队基于 Auto CAD 研发并实现了基于真正射影像图与 DSM 相结合的数字线划图生产软件。该软件的主要生产流程如下。

1. 读取真正射影像坐标数据插入影像

主要操作步骤如下。

① 打开装有插件的 CASS 或者 Auto CAD，单击插入含有定位信息的图片。

② 输入需要插入的图层名称。

③ 确定后，影像会按坐标计算插入 Auto CAD 中。

2. 基于真正射影像进行平面数据采集

利用 Auto CAD 或 CASS 进行平面数据采集，采集各道路、房屋等数据。如有屋檐改正的需要，还需要在三维模型中或实地量测出屋檐改正距离，再回到 Auto CAD 中，进行屋檐改正。

3. 基于 DSM 采集高程数据

1）人工辅助快速单点采集

此方式以像素级分辨率为间隔的 DSM 人工点采集高程点，可避开植被和楼房区域，采集地面点。同时，软件提供动态修正减高功能，实现植被和建筑物数据的高程减高。

① 单击工具栏的单点采集按钮。

② 选择 DSM 文件、并输入项目所需的比例尺。

③ 单击采集高程点。如需要减高，须按住“Ctrl”键单击，输入减高高度（图 4.17）。

④ 快速人工辅助采集地面高程点。

2）批量采集高程点

① 单击鼠标绘制多段线，完成后输入“C”使多段线闭合，构建一个闭合多段线。

② 单击“高程批量采集”按钮。

③ 选择 DSM 高程文件，同时输入展绘间隔、比例尺和图层。如需减高，还须输入减高高度。

④ 单击“多段线选择”按钮。

⑤ 选择画好的多段线范围线。

⑥ 单击“批量展绘”按钮，实现高程点的批量提取。

4. 生成等高线

软件生成的高程点数据完全兼容 CASS。单击“绘制等高线”按钮，打开“绘制等高线”对话框，如图 4.5 所示。对等高线生成参数进行设置后，单击“生成”按钮，生成等高线。

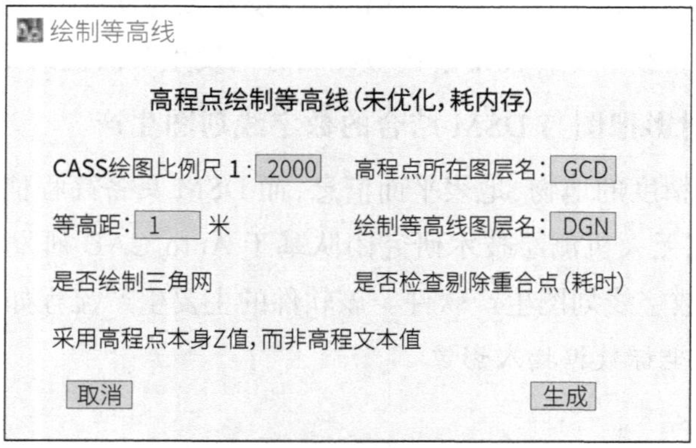

图 4.5 “绘制等高线”对话框

也可以考虑直接在 CASS 中生成等高线。生成等高线后，根据实际地形进行相应的等高线数据优化调整。最后保存输出数字线划图。

4.5.2 基于倾斜摄影三维模型的数字线划图生产

相较传统的航测及野外测量工作，倾斜摄影技术正逐步优化作业程序，缩减任务艰巨的外业调绘作业时间，提高基础测绘的现势性数据更新效率。目前，基于倾斜摄影三维数据模型进行数据生成的成熟软件较多，比较流行的有山西迪奥普科技有限公司的 SV360、武汉天际航信息科技股份有限公司的 DP-Modeler、北京山维科技股份有限公司的 EPS3D，它们都可以实现利用倾斜摄影技术获取的影像数据进行高精度的大比例尺地形数据的矢量采集工作。无须佩戴立体眼镜，可以根据影像所见即所得的定位地物要素的三维信息，同时赋予要素国标编码。矢量成果可导出多种数据格式，可以辅助国土信息进行不动产登记、二三维地籍规划等。作业流程如图 4.6 所示。

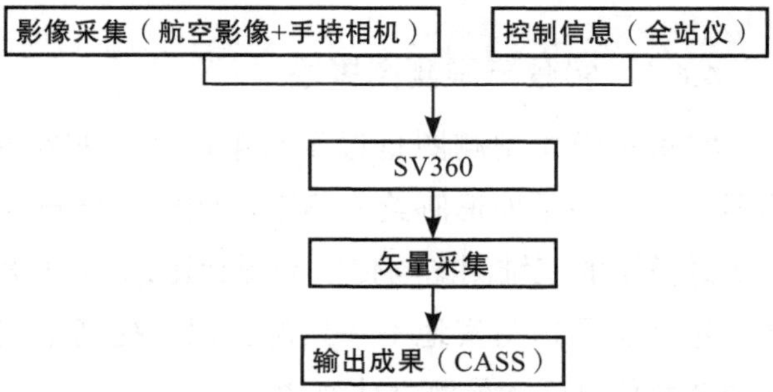

图 4.6 基于倾斜摄影三维模型的数字线划图作业流程

1. 二维矢量提取

用规定的符号提取地物、地貌的平面位置和高程位置，获取矢量图。

1）线状地物提取

打开矢量管理器，在左边选择或者搜索出对应的 CASS 编码；双击或者右击后选择“编辑”命令，使该层处于编辑状态。

2）点状地物提取

以井盖为例，打开矢量管理器，在左边选择或者搜索出对应的 CASS 编码；双击或者右击后选择“编辑”命令，使该层处于编辑状态。如图 4.26 所示。

2. 等高线数据提取

软件中提供有自动绘制等高线工具。首先确定要绘制等高线的区域，然后利用该工具设定阈值，系统会自动检索并生成高程点，也可以在 CASS 中直接生成等高线。

3. 屋檐改正

传统作业方式中，屋檐改正需要通过外业调绘获得结果。而在 DP-Modeler 中，在矢量采集的同时可直接根据倾斜影像进行屋檐改正，大大减少外业的工作量。

4. 多角度检查

① 选择矢量线所有的点，打开垂直辅助线。

② 用左边相机视图，切换四周倾斜影像，观察辅助线与立面相交线是否重合。

5. 矢量导出

全要素矢量提取完毕之后，在矢量管理器中选择“导出”。有三种格式，第一种 DXF，不带属性导出；第二种 CAS，带属性导出，线状物、点状物都可以用这个格式导出；第三种是

DAT 格式，一般用于等高线的高程点导出。将导出之后的文件在南方测绘 CASS 软件里打开，可以直接成图。

4.6 SV360 实景三维模型测图软件

4.6.1 实景三维测图概述

实景三维模型测图是近年来革命性的航空摄影测量新技术，利用实景三维模型“裸眼”测图，可以满足地形测绘、不动产测绘、建筑立面图测绘、土石方测量等测图项目要求。基于实景模型的三维测图与传统测图相比，减少了 80%以上的外业工作量，测图效率提高 3~5 倍，同时避免了图形与实地不一致的错误，提高了成图质量，未来实景三维模型测图必将取代传统的全站仪测图和航测立体测图。

实景三维模型可以是无人机倾斜摄影自动生成的“真三维模型”，也可以是无人机正射摄影后自动生成的“垂直三维模型”。基于倾斜摄影生成的“真三维模型”测图可以代替各类传统测图技术。“垂直三维模型”是利用正射影像和高程影像生成的三维模型，与“真三维模型”相比缺少地物的侧面纹理，但具有航摄生产成本小、生成周期短的优势，高程采集精度明显高于传统航测立体测图，可以满足一些对平面精度要求不高的地形测图项目需求。

实景三维模型测图一般采用开源的 OSGB 三维模型格式，具有分片保存、多级模型、内嵌坐标系等特性，对计算机硬件的要求不高，甚至在一台计算机上能顺畅浏览整个城镇的实景三维模型。常见的三维模型格式还有 OBJ、3DS、DAE、OSG 等，在测图前一般要利用建模软件转换为 OSGB 格式。

实景三维测图模型的成图精度与航拍设备、天气、光照、航片地面分辨率、航片重叠度、航拍倾角、像控点布设、自动建模软件、三维测图软件及作业人员等因素相关。其中，航片地面分辨率是主因，成图精度一般是地面分辨率的 2~3 倍，如航片地面分辨率为 1.5 cm，成图精度在 3.0 ~ 4.5 cm 之间。

4.6.2 SV360 技术架构

1. 系统功能模块

SV360 的功能模块如图 4.7 所示。

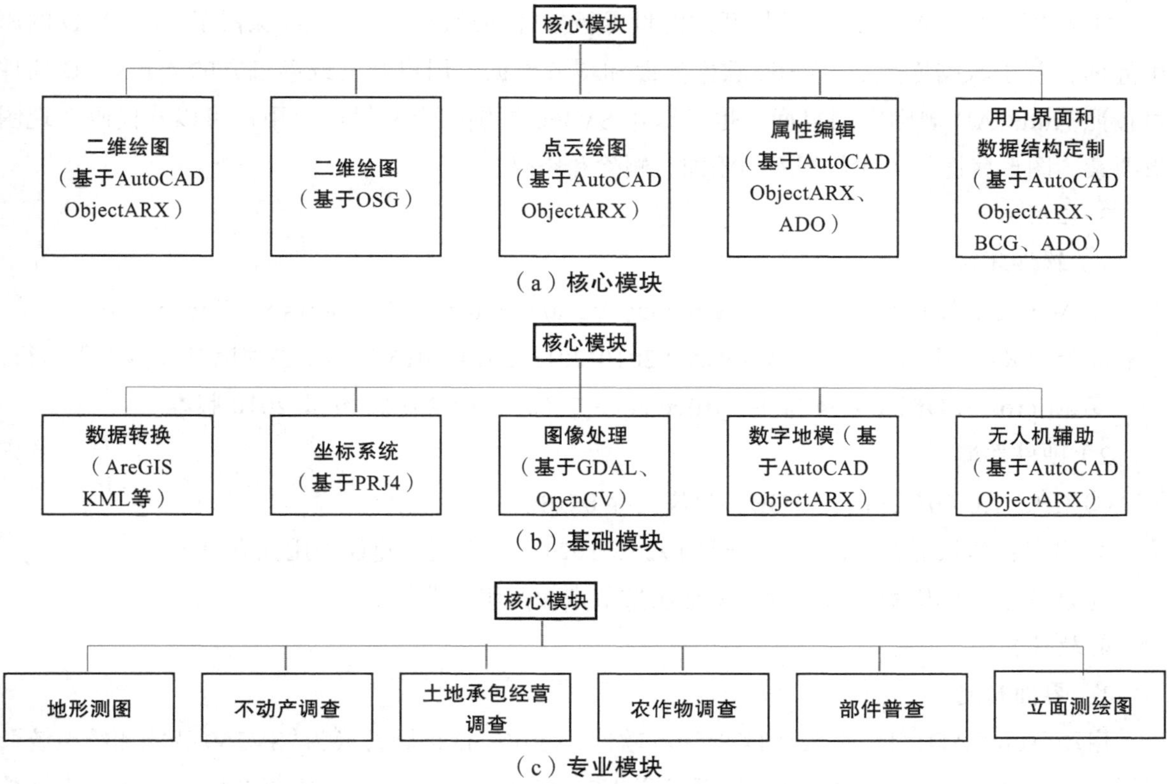

图 4.7 SV360 的功能模块

2. 主要特点

SV360 实景三维测绘软件以“专业、智能、高效、开放”为设计目标，基于多版本 Auto CAD 平台开发，是新一代的多源 GIS 数据“采集、编辑和建库”一体化软件。软件集成了地形测图、不动产调查、农作物调查、立面图测绘等专业模块，具有以下特点。

① 操作高效：追求生产效率最大化。提供了丰富、直观、易用的菜单栏、工具栏、对话框等操作界面，图层、图块、文字样式等均采用中文，按生产流程设计各项实用功能，一键完成数据质检和部分数据问题纠正，提供的绘图面板满足常用符号绘制的一键操作，支持复合实体自动重构，支持实体绘制时自动拼接，支持常见的图属联动修改。

② 专业齐全：支持三维模型、点云、DOM、DEM 和 DLG 等多源数据混合处理；拓扑处理、DTM 生成、图像处理、图形综合等均采用了高效算法，全面领先同类产品。按各测绘专业的技术标准，采用数据库定义了要素的代码、图层、属性、注记等结构，按专业分类设计操作界面，计划支持近 20 种专业测绘任务。

③ 技术领先：采用 100% 的 C ++源代码，深入 AutoCAD 内核开发，突破 AutoCAD 功能限制，独家提供多项“黑科技”。可加载 20 GB 以上的超大图像；无须 ArcGIS 软件就能直接编辑 Shape 数据；DWG 图形内嵌坐标系统，支持图形或坐标文件的各类坐标转换，精确导入、导出 Google KML 文件；支持 GNSS 数据写入图像；图像智能识别文字；图像自动矢量化；图形和数据库智能关联，建库更轻松。

④ 高度开放：AutoCAD 是最开放的世界级软件系统之一，SV360 保留了 AutoCAD 的原生界面，基于数据库生成 SV360 软件界面和图形数据。用户开发或第三方的 AutoCAD 插件可按照 AutoCAD 规则定制界面，也可以用 SV360 提供的定制界面。用户可以 0 代码实现图形要素、图形属性、关联数据库的添加、删除和修改。

3. 应用环境

1）软件环境

① Windows操作系统(64位)：Windows Vista/Windows 7/Windows 8/Windows 10。

② AutoCAD平台(64位)：AutoCAD 2010/2012/2014/2016/2018，必须以管理员权限运行。

③ Microsoft Office（64 位）：Office 2003/2007/2010/2013，建议 2010 版本。

2）硬件环境

① CPU 1.6 GHz，内存 4 GB，建议内存 8 GB。

② 显卡：建议显存 2 GB、分辨率 1920 × 1024，三维测图建议采用独立显卡。

③ 加密锁：单机版一机一锁，网络版按节点数配服务器锁。

4. 软件界面

1）界面布局

启动 AutoCAD，自动加载运行 SV360 软件，AutoCAD 标题替换为“SV360 智能测绘系统”，显示“SV360 工作空间”“SV360 工具栏”“SV360 绘图面板”三个主要窗体，可将它们拖放停靠。AutoCAD 的常用功能已经集成到“SV360 工具栏”，可以保留“图层”“特性”等其他 AutoCAD 工具栏。

打开或切换 SV360 软件绘制的图形时，在状态栏左下方有坐标系、图形比例尺、实体编组状态的提示，如图 4.8 所示。

图 4.8 SV360 状态栏左半部

2）功能划分

（1）SV360 工作空间。

工作空间停靠窗体集成了测量工具箱、信息提示、属性编辑、质量检查和文字注记共 5 个常用操作窗口，用户可通过下方的标签栏（见图 4.9）自由切换。

图 4.9 标签栏

（2）工具栏。

SV360 工具栏集成了常用、通用的操作命令。为节省图形编辑空间，采用标签式设计。有 AutoCAD 工具、测算工具、图形编辑工具、属性编辑工具、图层工具、系统设置工具及专业工具。

（3）绘图面板。

SV360 绘图面板提供了地物绘制的功能，设计成折叠式，便于放置更多的常用地物符号。如图 4.10 所示。

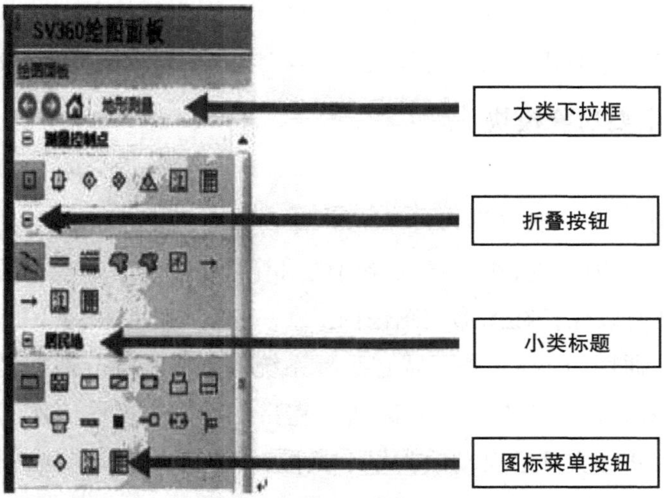

图 4.10 SV360 绘图面板

5. 常用工具

1）测量工具窗口

测量工具窗口采用抽屉式窗体设计，每个“抽屉”分别为坐标系统、数据转换、地形处理、图形分幅、图像处理等测绘专业应用的相应功能集合，内部的菜单式按钮则对应各功能命令。

2）信息提示窗口

在进行质量检查或某命令运行过程中，软件自动将问题或提示显示在列表内。双击一行将居中显示关联的实体，便于用户检查和修正问题。

3）属性编辑窗口

选择实体的图形属性、基本属性和专业属性，相应的属性将显示在该窗口中，下方为属性项的提示信息。属性名称前标注 * 号的为必填属性，在属性编辑框或下拉列表内修改属性。其中：

① 基本属性包含要素名称、要素编码、比例尺和成图日期 4 个属性项，不可编辑修改；

② 图形属性为实体的固有属性，一般包括实体类型和图层，其余属性随实体类型改变，修改图形属性则修改相应实体的固有属性或几何图形；

③ 其他属性为实体的专业属性，修改其他属性则修改了实体的某个扩展属性。软件对房屋、围墙、控制点、高程点等部分实体进行了图属联动修改。如：地形图的建筑物，修改房屋结构将联动修改图内注记、要素编码，修改层数将联动修改图内注记。反之，修改图内注记将联动修改地物属性。

4）文字注记窗口

目前仅用于地形图文字注记。窗口自上而下依次为工具栏、注记编辑框、注记分类、注记样式、字高下拉列表框、宽高比下拉列表框、对齐选项按钮、文字排列选项按钮、常用文字列表。

为确保各类注记满足图式要求，必须采用文字注记窗口完成地形图文字注记工作。

4.6.3 SV360 主要功能模块

1. 坐标系统管理

1）设置坐标系统

在图形坐标转换、图像重投影、导入导出数据等特定场合，需要设置坐标系统。

坐标系统的定义可以保存在图形或图像内。

SV360 采用国际通用的 WKT 格式描述坐标系统，坐标系统分地理坐标系和投影坐标系两部分定义。WKT 坐标系的特点是：将“高斯－克吕格投影”视作比例因子为 1 的“横轴墨卡托投影”的特例，导入 PRJ 文件后自动改为墨卡托投影，导出 PRJ 文件则改回高斯－克吕格投影。

① 地理坐标系：提供了北京 54、新北京 54、西安 80、国家 2000 和 WGS 84 的预定义，参数值不可修改。

② 投影坐标系：提供了北京 54、新北京 54、西安 80、国家 2000 高斯投影的 EPSG 格式预定义，WGS84 UTM 投影的 EPSG 预定义。投影坐标系名称、投影方法（一般用横轴墨卡托投影）和其他参数均可修改，修改后的数值自动保存，并自动检测是否与某个 EPSG ID 相同，如相同则显示 EPSG ID，否则不显示。

2）同地理坐标系转换

完成同地理坐标系（如转换前后同为西安 80）不同投影方法、不同坐标格式（平面、三维、经纬度）的 DWG 图形文件、坐标文件（SV360.cor 文件、CASS.dat 文件）转换。平面－平面、三维－三维、地理－地理、三维－地理的转换是完整的、严格的。平面－三维、平面－地理，高程（或 Z 值）数据不转换。

3）计算转换参数

主要完成不同地理坐标系统、不同投影的坐标转换，不同时期的同地理坐标系统也可以使用。SV360 提供了四参数、七参数两种转换方法。由于七参数能完成大地高（水准高程）混合转换，建议在不影响平面坐标下优先选用。

4）按计算参数转换

主要完成不同地理坐标系统、不同投影的图形文件、坐标文件批量转换。由于七参数能完成大地高（水准高程）混合转换，建议在不影响平面坐标下优先选用。

2. 图像处理

图像处理具有加载图像、加载 DOM 图像、加载超大 DOM 图像、查询 DOM 信息、删除图像、裁切 DOM 图像、合并 DOM 图像、标注图像名称、调整图像显示、校正图像、转换图像、

DOM 精度检测等功能，举例如下。

① 加载超大 DOM 图像：突破 Auto CAD 对图像大小的限制，可用于加载 20 GB 以上的 DOM 图像，支持 TIFF、JPG、IMG 格式，支持 AutoCAD 的 ZOOM、PAN 命令和鼠标滚轮实时缩放。

② 裁切 DOM 图像：按照选择矩形裁剪 DOM 图像或动态图像，裁切后的图像内嵌坐标，支持 TIFF、JPG 格式图像生成坐标文件。

③ 合并 DOM 图像：将相邻的多幅 DOM 图像合并成一幅图像。

④ 仿射变换校正图像：采用仿射变换原理将图形校正到指定位置，校正后的图像自动存盘，被校正的图像自动更新显示。校正后的图像与原图像在同一目录下，文件名自动添加 _update。该功能适用于扫描图片或相片。

⑤ 图像综合处理：完成图像旋转、亮度调整、图像增强、阈值化、矢量化和图像拼接等高级图像处理功能，可打开硬盘上的图像或在 Auto CAD 图上打开图像进行处理。

⑥ 批量转换图像：选择若干 Auto CAD 图形，批量输出 JPG、PDF、PNG 图片文件或其他打印输出文件，输出的文件与 DWG 文件保存在同一文件夹下，后缀名分别为 JPG、PDF 等。

⑦ DOM 精度检测：统计 DOM 平面精度，可批量生成多幅 DOM 的精度检测表。根据航测立体采集点、野外实测点等方法获取 DOM 检测点坐标，并形成 COR 或 DAT 文件。

3. 三维测图

SV360 可加载 OSGB、3DS、OBJ、IVE、DAE 格式的三维模型，支持分片、分级模型数据的批量加载，并提供丰富的图形图像编辑工具，可将三维测图、三维编辑、矢量图编辑和图像编辑功能配合使用，目的是追求最高的测图效率。

SV360 支持 DOM 和 DEM 生成 OSGB 格式的三维模型，实现基于垂直三维模型的测图，可代替传统立体测图。

1）加载三维模型

打开三维测图的主窗口，加载三维模型绘图，是三维测图模块的主要功能。默认选择 Context Capture 软件输出的模型元数据文件（*.xml），实现分级、分片三维模型的批量加载，并读取元数据文件内的坐标系统的定义。对于其他建模软件生成的模型文件，建议转成 Context Capture 软件的输出格式。

Context Capture 软件元数据文件为 xml 格式，文件名一般为 metadata.xml，保存在三维自动建模软件生成的成果目录中。举例如下：

```
<? xml version = "1.0"encoding = "utf – 8"? >
< Model Metadata version = "1" >
<! —— Spatial Reference System ——>
< SRS > EPSG：4546 < / SRS ><! —— Origin in Spatial Reference System ——>
< SRSO rigin > 573097，2590063，0 < / SRSO rigin >
```

< / Model Metadata >

元数据文件可以人工编辑，必须确保“< SRSO rigin > 573097，2590063，0 < / SRS Origin >”定义的原点坐标“573097，2590063，0”正确。

Context Capture 软件模型数据分片保存在与元数据文件同级的 Data 文件夹下，子文件夹内容如图 4.11 所示。

名称	修改日期	类型	大小
Tile_000+000	2017/10/1 4:49	文件夹	
Tile_000+001	2017/9/30 23:32	文件夹	
Tile_000+002	2017/9/30 15:42	文件夹	
Tile_000+003	2017/9/30 7:06	文件夹	
Tile_000+004	2017/9/30 14:59	文件夹	
Tile_000+005	2017/9/30 22:03	文件夹	
Tile_000+006	2017/10/1 4:38	文件夹	
Tile_000+000	2017/10/1 2:46	文件夹	
Tile_000+001	2017/9/30 12:25	文件夹	
Tile_000+002	2017/9/29 22:15	文件夹	

图 4.11　子文件夹内容

名称	修改日期	类型
Tile_000+000.otgb	2017/10/1 4:49	OSGB文件夹
Tile_000+000_L15_0.otgb	2017/10/1 4:49	OSGB文件夹
Tile_000+000_L16_00.otgb	2017/10/1 4:49	OSGB文件夹
Tile_000+000_L17_000.otgb	2017/10/1 4:49	OSGB文件夹
Tile_000+000_L18_0000.otgb	2017/10/1 4:49	OSGB文件夹
Tile_000+000_L19_00000.otgb	2017/10/1 4:49	OSGB文件夹
Tile_000+000_L20_0000001.otgb	2017/10/1 4:49	OSGB文件夹
Tile_000+000_L21_00000001.otgb	2017/10/1 4:49	OSGB文件夹
Tile_000+000_L21_00000001.otgb	2017/10/1 4:49	OSGB文件夹
Tile_000+000_L21_00000002.otgb	2017/10/1 4:49	OSGB文件夹
Tile_000+000_L21_00000004.otgb	2017/10/1 4:49	OSGB文件夹

图 4.12　OSGB 分级文件格式

子文件夹下保存模型数据，总有一个根模型文件与子文件夹同名。

OSGB 分级文件格式如图 4.12 所示。

批量加载三维模型时，显示加载进度条，窗口动态显示模型。也可以在下拉文件类型列表中选择 OSGB、3DS、OBJ、IVE、DAE 格式，打开单个模型文件，这时用户可能需要自定义坐标系统和原点的三维坐标偏移量。

2）设置测图参数

① 坐标系统：从元数据文件自动读取。如未读取元数据，则坐标系统为空，此时应自行设置坐标系统。

② 原点坐标：模型坐标与实际坐标的三维偏移量，从元数据文件自动读取。如未读取元数据，则该项为 0，0，0，此时应自行设置原点坐标。如果打开 Context Capture 软件元数据文件 metadata.xml，原点坐标和坐标系统是自动从该文件提取的。反之，若直接打开模型文件，则每次都需要设定原点坐标才能保证三维测图的矢量图坐标与实际坐标相符。如果缺少原点坐标，须计算原点坐标。

③ 保存：如坐标系统显示 EPSG：****，或显示自定义的坐标系统 WKT 格式字符串，单击该按钮将自动保存图形的坐标系统。

④ 提示文字颜色：提示文字默认黄色，可以根据三维模型底色修改为对比度更高的其他颜色。

⑤ 矢量图形贴地高度：矢量图叠加在三维模型上，必须适当抬高才能看见，此时可以修改矢量图形的贴地高度。

⑥ 采集点圆半径：软件采用半径为 5 cm 的圆球和外圆，绘制三维模型的采集点位。该设

置为外圆半径，用户可修改。

⑦多重采样消除锯齿：该功能默认关闭。建议启用NVIDIA显卡来提高三维显示质量。其他显卡可能不被支持，易造成三维窗口全屏。

⑧模型背面剔除：三维模型的背面一般不需要查看，剔除模型背面可以加快显示速度。该功能默认开启。

⑨模型透明化：该功能根据需要启用，一般用在贴地高度为0时查看矢量图和三维模型贴合情况。开启后按80%透明度显示三维模型，并自动启用背面剔除。

⑩二、三维窗口同步显示：该功能默认开启。启用该功能后，在二、三维窗口平移缩放时会互相引发对方同步显示。不启用时，正交投影状态下在三维窗口平移缩放引发二维窗口同步显示，三维窗口绘图时引发二维窗口平移缩放，其余同步关闭。

3）像控点精度检测

在三维测图前检测模型上所有像控点坐标，可以发现原点坐标错误、外业像控问题或内业建模问题，并能对三维测图精度进行初步预估。

采集模型上像控点坐标方法：①浏览模式下，在三维模型上单击像控点位置，记录下三维坐标；②浏览模式下右击像控点，在AutoCAD中查看细部点的三维坐标；③绘图模式下，在三维模型上单击像控点位置，AutoCAD绘制像控点。

采集模型像控点坐标后，与外业实测的像控成果对比，采用Excel编制像控点精度检测统计表。如像控点检测发现问题，建议解决问题后再测图。

计算原点坐标方法：对不是Context Capture软件生成的模型数据，可以利用像控点（或实测地物点）和相应的模型点采集坐标，在Excel中计算模型坐标与实测坐标的偏差值。

4）加载矢量图形

重新打开模型测图，或编辑二维图形后刷新使用。设置三维测图参数后，自动重新加载矢量图形。

5）刷新矢量图形

由于OSGB、DAE格式是分级模型，加载矢量图形时如采用高精度级别，将造成显示速度减慢。当发现矢量图显示异常（如房屋线异常高或落到三维模型下方），单击该菜单可以改善显示效果。

6）切换投影

SV360提供了透视投影和正交投影两种三维模型显示方式。

①透视投影：这是默认投影方式，与人眼看到的真实场景相同。等大的物体，距离远的看上去小。可以自由浏览。

②正交投影：又称平行投影或正射投影，三维模型显示类似真正射图像，可以平移缩放，但不能旋转调整视角。

建议房屋、围墙等精度要求较高的地物采用透视投影绘图，道路、花圃、田埂等次要地物采用正交投影绘图。

7）模型裁切显示

为了提高采集数据的精度，SV360 特别开发了模型裁切显示功能。具体可以完成以下 4 方面的工作。

① 拉框裁剪：在正交模式下，模型处于可以裁切状态。按住“Shift”键，用鼠标单击裁切区左下角，按住鼠标右键向右上方移动，显示黄色拉框线，松开鼠标左键即可完成矩形范围裁切。

② 动态裁切模型上部：按住“Shift”键，用鼠标左键单击模型任意一点，则该点上方模型不显示。按住“Shift”键，滚动鼠标滚轮可以调整切面高度，动态显示切割场景。开启正交模式，切准中心采集电杆符号，可提高杆状物采集精度。

③ 动态裁切模型下部：按住“Shift”键，用鼠标左键单击模型任意一点，则该点下方模型不显示。按住“Shift”键，用鼠标滚轮可以调整切面高度，动态显示切割场景。

④ 清除裁剪：可以消除切片状况，恢复正常显示。

8）开关房屋线框

在三维模型上显示房屋墙角线，可以直观检查二维图。此功能控制是否显示房屋线框，单击可切换显示方式。

9）删除采集点符号

删除三维模型上的采集点符号（包括实测点符号）。

10）指北方向

勾选“二、三维窗口同步显示”时，三维窗口和 AutoCAD 视图中心范围相同，模型方向不随 AutoCAD 图形方向变化。

选取“指北方向”后，将按 AutoCAD 视图切换三维模型的显示中心和范围，并设置视角方向指北。

11）绘实测细部点

选取“绘实测细部点”后，软件将读取 AutoCAD 图形中展绘的实测细部点坐标（三维测图过程中用右键采集的细部点除外），并用采集点符号在三维窗口显示细部点位置，便于精度检测判别外业采集点位置。

12）模型切割

① 水平切割：按提示指定切割面高度和范围，在 AutoCAD 绘图区显示模型的水平切割线。该功能对人工编辑的三维模型形成的切割线，经“拓扑构面”后能批量生成房屋，大幅度提高绘图效率。对倾斜摄影生成的实景模型，切割线可以作为检查三维绘图精度的参考。

② 生成等高线：操作与水平切割相同，但是按等高距沿切割面向上生成多层切割线。此功能可以用于树木（植被）稀疏的北方山地，切割线可以作为绘制等高线的依据。

③ 生成高程点：按提示绘制范围面，按点间距批量生成高程点。模型中有树木或植被时，

量取后输入压低高度值，生成的高程点 Z 值将减去压低高度。生成高程点范围越大，时间越长，可通过进度条查看进度。

④垂直切割：在三维模型上绘纵剖线，AutoCAD 窗口内将自动生成垂直方向剖切线，用 AutoCAD 三维显示功能可查看切割线。

13）生成地性线

该功能用于批量生成构造约束 DTM 的地性线。先选取“生成地性线”功能，按提示在 AutoCAD 窗口选择陡坎线、斜坡线、悬崖、房屋、河流等，选陡坎、斜坡时还需选坡脚线。选择完成后软件自动在三维模型上计算各节点 Z 值，在 AutoCAD 中生成对应的三维地性线。

14）三维绘图

三维绘图分“绘图模式”和“编辑模式”。两种模式结合使用，可加快绘图效率。绘图模式下，用户在三维窗口绘图，不论是否开启“二、三维窗口同步显示”功能，在 AutoCAD 窗口都同步显示范围。编辑模式下，用户在 AutoCAD 窗口绘图，在三维窗口可以采集辅助点、移点（移动）、加点、删点、量距、查看坐标。

（1）设置实体编码。

打开模型后，默认绘制实体是“建成房屋（混）”。SV360 还提供了绘图面板、图标菜单和同码绘图多种方式，用户根据需要自行选择。

（2）绘制面状地物。

绘制多边形或多段线时，SV360 提供了采集角点、立面线求交两种定位模式。在三维窗口左下方动态提示绘图模式、实体名称、快捷键等。。

“角点”一般是默认定位方式，按顺时针或逆时针方向依次右击模型角点完成绘图。在绘制房屋、地物时，采用“交点”作为默认方式定位绘图，此方式适合高精度采集角点坐标。实际操作时，按“J”键打开“立面线求交”方式，按顺时针或逆时针方向依次在每个墙面采集两点，系统会计算相邻墙面投影线交点作为角点坐标。

绘制同一地物时，可切换“角点”“交点”方式混合使用。绘图过程中，可以按“U”键回退，按“X”键放弃绘制。

①“角点”方式绘图时，可以按“A”键，在这种模式下，采集两个点后，可与起始点绘制三点弧。

②“交点”方式绘图时，遇到内直角（一般模型失真），可以先绘外墙角的近点，提示指定第 2 点时，按“Z”键，按“直角”方式计算内拐点（垂足）坐标。如图 4.13 所示。

图 4.13 “交点”方式绘图采集内直角

③“角点”方式绘图时，遇到内直角（一般模型失真），可以先绘外墙角，然后按“Z”键，软件按“倒直角”方式计算内拐点坐标。因为连续计算了两个直角边，所以要求起算边应足够长。如图 4.14 所示。

图 4.14 “角点”方式绘图采集内直角

三维绘图过程中，在 AutoCAD 绘图区同步显示二维图形，并检查是否自相交。绘图完成时，双击鼠标，房屋等地物在命令行提示输入必要的属性（如楼层），完成图形绘制。不必填属性的实体则直接完成图形绘制。

（3）绘制线状地物。

绘图方法与面状地物类似。不同之处主要有：

① 达到 3 点时，可以按“C”键完成闭合线状地物绘图；

② 双线类地物（如乡村路），双击鼠标完成一侧线绘图，系统提示“指定对面点”，右击另一侧边线点即可完成三维绘图；

③ 对于自然斜坡，应先绘制坡底线，再选“自然斜坡”菜单（按钮）绘制坡顶线，此时选择对应坡底线的起、止点即可。

（4）绘制点状地物。

选择点状地物代码后，在模型上右击对应地物模型即可。

（5）绘图注意事项

绘图过程中，应注意查看采集位置的模型是否拉花变形，墙面采集点应避开水管凹凸变形等位置；立面求交方式绘图时，相邻立面点距离应尽量长；求垂足或隔点时，起始边应比推算边长。

15）三维编辑

SV360 提供了常用三维矢量图形编辑功能，在三维窗口左下方显示操作提示，可以和二维图形编辑功能配合使用。

16）立面图测绘

三维测图模块提供了建筑立面图测绘功能，以此为基础，可进一步编辑成图。

17）垂直 DSM 模型测图

对于单相机正射摄影测量项目，用 Pix4D 等软件制作 DOM 和 DSM，在 SV360 软件中生成垂直三维模型，可以用三维测图下所有菜单功能完成测图。由于这种垂直模型缺少地物侧面纹理，成图平面精度要求较高时，需要对房屋进行屋檐改正。

4. 等高线生成

① 检查高程点：在生成 DTM 之前，过滤掉距离过密和高程错误的高程点。处理方式有两种：可改至层或直接删除，根据需要选择。

② 绘制地性线：绘制地性线一般是生成 DTM 或土方计算的必要步骤，合理设置地性线可简化后续编辑工作。地性线可理解为 DTM 三角形的边界线，如陡坎、悬崖、水面线等。

③ 构建 DTM 三角网：构建 DTM 三角网主要是为了生成等高线、计算土方等后续应用，SV360 提供了多边形范围线内无约束、多边形范围线内按地性线约束、全图范围内无约束及全图范围内按地性线约束 4 种方式构建 DTM 三角网。

④ 手动添加三角形：当生成的 DTM 需要局部调整时，可用此功能添加三角形，实际操作时按提示捕捉 3 个高程点即可。

⑤ 生成等高线：利用 DTM 生成等高线，并串联相同高程的等高线。

⑥ 编辑等高线：对于自相交、相交或不光滑的等高线，可采用此功能对等高线进行局部

修改。

⑦ 修剪等高线：为满足图面表示要求，自动按多段线（陡坎、斜坡等）打断等高线，按多边形（建筑物等）切除等高线，按文字或图块消隐等高线。

⑧ 标注等高线：按提示由低向高拉线标注等高线的高程值。

5. 数据质检

数据质检纵贯整个测图过程，SV360 绘图时已经进行了必要的过程数据质检，对地形图成果数据质检主要利用的是质量检测模块，其他专业测量数据还需利用各自专业质检功能，包括代码检查、重复点检查、相交检查等空间质量和属性数据质量检查功能。数据质检的主要内容如下。

① 实体基本检查：检查实体的编码、图层、图块、线型、线宽、实体类型、封闭性等是否与编码表一致，部分问题可用软件自动修复。

② 重复实体检查：检查同图层重复点、线、面等，可自动删除重复实体。

③ 线异常检查：检查多段线是否自相交等。

④ 线相交检查：忽略部分图层、部分代码的多段线，检查多段线之间的不合理相交，并在可疑的不合理交点绘制圆。检查出的问题有可能是合理的，应按实际修改。

⑤ 面相交检查：忽略部分图层、部分代码的多段线，检查同图层封闭的多段线之间的不合理相交，并在可疑的不合理交点绘制圆。

⑥ 面包含检查：忽略部分图层、部分代码的多段线，检查同图层封闭的多段线之间的包含关系。

⑦ 漏构面检查：通过植被符号和水系边线，检查图内是否存在漏构的植被面和水系面。

⑧ 管线数据检查：检查输电线、配电线和通信线的管线设施符号、方向符号与骨架线的一致性，如漏杆、孤杆、方向符号角度偏差等，并在漏杆位置绘制圆。

⑨ 属性基本检查：检查必填属性是否齐全，属性值是否超出允许范围等。

⑩ 注记规格检查：检查注记的字体、字高、字宽等是否与样式一致。

复合实体检查：检查主实体和辅实体的完整性，暂不支持。

6. 数据转换

SV360 实现了与 CASS、MapMatrix、ArcGIS、KML 等数据转换。

1）CASS → SV360

将 CASS 9.1 或以上版本地形数据转换为 SV360 格式。转换过程中的一些问题会在信息栏提示，转换失败的实体仍在 CASS 图层。有经验的用户可以修改 SV360 安装文件夹 support 下的“CASS–SV360 要素编码表 .xls”，重新转换。

2）SV360 → CASS

将 SV360 格式地形数据转换为 CASS 格式。转换前请备份原图，转换过程中的一些问题，会在信息栏提示。转换失败的实体仍在 SV360 图层，可以利用 CASS 的功能转绘。有经验的用户可以修改 SV360 安装文件夹 support 下的“SV360-CASS 要素编码表 .xls”，重新转换。

3）其他转换

① 导出 ArcGIS Shape 文件。

② 导入地形 Shape。

③ 编辑 ArcGIS Shape 文件。

SV360 专为数据建库提供了一个 Shape 文件编辑工具。无须安装 ArcGIS，可直接修改 Shape 文件的数据结构和数据内容。此功能主要用于解决数据质检发现的问题，对旧 Shape 数据按规范要求进行调整。

4）导出 Google KML

从 AutoCAD DWG 文件导出 Goolge KML 文件时，支持非 SV360 格式的 DWG 导出，SV360 图形可导出属性。支持导出的图形实体类型：点、文字、图块、直线、多段线、三维多段线、图案填充、MPOLYGON。导出的 KML 文件按 AutoCAD DWG 图层建立目录（Folder）。

5）导入 Google KML

将 Goolge KML 文件导入到 AutoCAD 中绘制图像。

第 5 章

无人机影像数据处理

5.1 无人机影像数据处理基本流程

无人机影像数据处理是利用摄影测量软件处理无人机影像数据，解求影像的精确外方位元素，获取数字测绘产品的过程。与传统的机载航空影像的数据处理过程相比，低空无人机航摄大多搭载 GNSS 系统，可获取初始的外方位元素用于辅助空中三角测量。但是由于无人机机身轻，受惯性影响大，姿态不稳定，GNSS / IMU 系统精度不高，生产高精度、大比例尺的测绘产品尚需依赖少量地面控制点。同时，由于无人机、搭载相机属于非量测数码相机，在摄影测量影像数据处理时无须内定向，但是需进行相机检校，解求相机畸变差，进行影像改正。除此之外，其他的数据处理过程与传统的航空影像数据处理相差不大，基本流程如下。

① 数据预处理：包括航带整理、影像畸变差改正、匀光匀色等。

② 空中三角测量：包括新建工程，导入影像，建立金字塔影像，相对定向，自由网平差，量测控制点，区域网平差。

③ 数字高程模型的制作：影像匹配，匹配结果编辑，生成 DTM 文件。

④ 数字正射影像制作：根据 DTM 制作 DOM。

⑤ 数字线划图制作：矢量图制作。

无人机影像数据处理流程如图 5.1 所示。

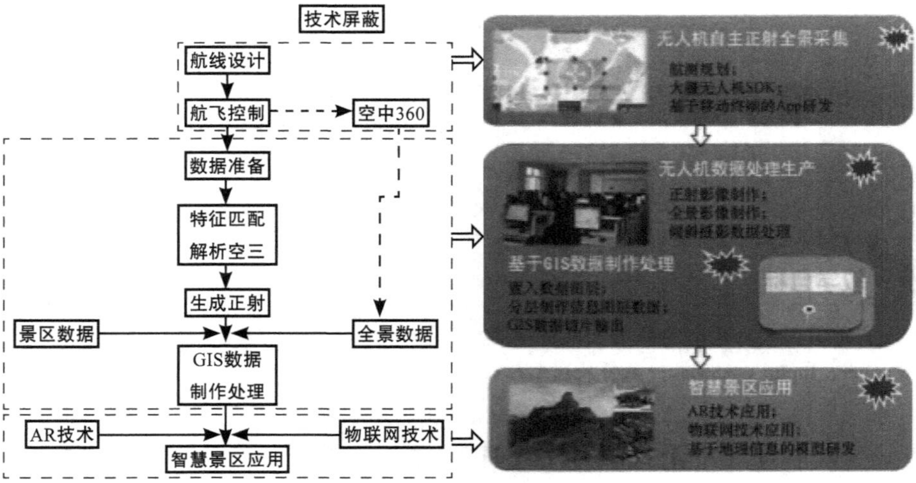

图 5.1 无人机影像数据处理流程

5.2 常用无人机影像数据处理软件

1. Inpho 系统

Inpho 系统是国际知名的数字摄影测量系统，可以全面系统地处理航测遥感、激光、雷达等数据。Inpho 数据处理模块包括：空中三角测量模块 MATCH-AT，地形建模模块 DTMaster，正射影像处理模块 OrthoMaster、OrthoVista，数据获取模块 Summit Evolution，以及图像获取模块 UltraScan 5000。尤其 MATCH-AT 模块拥有先进而独特的影像处理算法，能够提供高精度、高性能、数字航空三角测量处理，其核心部分之一“连接点的匹配”是基于特征和最小二乘法两种算法组合实现的，连接点匹配精度很高。同时，该软件易于整合到第三方工作流程中，无缝对接采集软件进行立体测图。该软件的最大优势在于空三加密、镶嵌、匀色，是目前公认的空三精度最高的航测软件。

UASMaster 软件是 Inpho 系统中的无人机处理软件，可以处理任意无人机飞行系统获取的数据。该系统包含一键式操作获取结果模式和逐个过程人机交互进行质量控制的模式，既可以保证操作人员在不具备摄影测量知识和经验的情况下也能采用该系统获取高精度和高度可靠的航测成果，也可以供专业人员逐个过程人机交互进行质量控制。该软件针对无人机数据的特点，具有强大的同名点匹配功能，能完成纹理地区、沙漠、林地、水田等各种地块的全自动连接点提取。

2. Pix4DMapper 软件

Pix4DMapper 是来自瑞士的 Pix 4D 公司开发的软件，主要功能是根据无人机提供的影像数据快速生成专业、精确的拼图成果，正射影像和三维模型。该软件具有以下特点：

①无须专业操作人员，无须人为交互：

②数据获取结果迅速，精度可以实现优于 5 cm；

③自动生成带纹理的三维模型；

④自动生成正射纠正镶嵌结果。

Pix4DMapper 关键优势是无须人为干预即可获得专业的精度，拥有完善的工作流，能自动获取相机参数；无 IMU 数据，能自动生成 Google 瓦片及带纹理的三维模型；充分利用了硬件资源，可以同时处理 10 000 张影像；支持添加控制点功能，拥有丰富的坐标参考系，支持多种传感器，集多种优点于一身。

3. PhotoScan 软件

PhotoScan 软件是 Agisoft 公司研发的基于影像自动生成高质量三维模型的软件，支持 JEPG、TIFF、PNG、BMP 等多种格式。主要优势是：工作流程全自动；可以生成高精度、超精细 3D 模型；网格计算系统支持超大空间范围处理。该软件在制作精细纹理的三维建模成果方面优势较大，但是由于软件本身不是专门为正射影像制作开发的，所以影像连接点匹配精度较差，处理效率不高。

4. PixelGrid 软件

PixelGrid 软件是由中国测绘科学研究院研制的一款多源航空航天遥感数据集群分布式处理软件。该软件实现对包括低空无人机等多种高分辨率航空影像和卫星影像的摄影测量处理，采用计算机多核并行处理技术、自动化和人工编辑相结合的作业数据处理方式，以一定的任务调度策略完成影像数据的分布式处理，大大提高了遥感数据处理能力。

无人机处理模块 PixelGrid–UAV，能完成低空航空影像数据预处理、影像畸变改正、自动空三、DSM/DEM 生成、正射影像纠正、匀光匀色及自动拼接整个数据处理流程。该模块采用基于尺度、旋转不变性特征的高精度多基线影像匹配算法，可有效解决由于大倾角、大旋偏角无人机影像的高精度、高可靠性配准的难题。该软件在数据采集方面比较适合国内作业员的操作习惯。

5. MapMatrix 软件

MapMatrix 软件是基于航空、卫星遥感、外业等数据进行多源空间信息综合处理的平台。它不但能为基础数据生产、处理和加工提供一系列集成的工具，而且采用了统一的数据管理接口对数据进行有效管理，为后期数据增值和共享奠定基础。MapMatrix 软件的空三加密是在 DATMatrix 软件中完成的，DEM 生成是在 MapMatrix 软件中完成的，DOM 制作需使用 EPT 软件。整个数据处理需要使用 MapMatrix 系统多个软件，并且空中三角测量加密需要调用 PATB 软件单独完成，数据处理不够集中、集成，操作不够便捷流畅。相比 Inpho 软件，MapMatrix 在 DOM 镶嵌成图和编辑方面比较快捷和高效，能实现 DOM 自动修复和相互关联编辑。在采集数据方面，软件支持来自其他多种系统的空三成果，减少了用户在数据转换方面的工作量，操作方式比较符合国内作业习惯。

6. ContextCapture 系统

ContextCapture（Smart3D Capture）是一套实景三维自动建模系统，集合了先进的数字影像处理技术、计算机虚拟现实技术及计算机几何图形算法。ContextCapture 具备高兼容性，能对各种对象、各种数据源进行精确无缝重建。同时，可加入其他可选的辅助数据：传感器属性（焦距，传感器尺寸，主点，镜头失真），照片的位置参数（如 GNSS），照片姿态参数（如 INS），控制点等来提高建模精度。ContextCapture 的建模，无须人工干预，即可在一定的计算时间内，输出带有真实纹理的高分辨率三角网格模型，准确重建建模对象的几何外观及纹理特征。建模时间根据输入数据量的大小而定，输出模型的精度与输入照片的分辨率和精度高度相关，输入照片的分辨率和精度越高，生成的三维模型的细节越精细。

ContextCapture 系统包含两大模块：主控台（master）和引擎端（engine），遵循主从模式（master–worker）。主控台是 ContextCapture 的主要模块。用户通过图形用户接口，向软件定义输入数据、设置处理过程、提交过程任务、监控任务的执行与结果的可视化等。主控台不执行处理过程，而是将任务分解为基础作业并将其提交给作业队列。

5.3 无人机摄影测量软件 Pix4DMapper

5.3.1 作业流程

无人机摄影测量作业流程如图 5.2 所示。

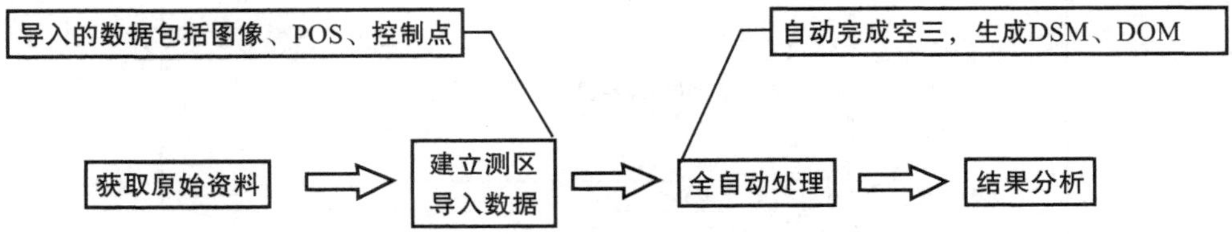

图 5.2 无人机摄影测量作业流程

5.3.2 准备原始资料

原始资料包括影像数据、POS 数据及控制点数据。

首先要确认原始数据的完整性，检查获取的影像中有没有质量不合格的相片。同时查看 POS 数据文件，主要检查航带变化处的相片号，防止 POS 数据中的相片号与影像数据相片号不对应，若出现不对应情况应手动调整。

POS 数据一般格式如图 5.3 所示。

相片号	经度	纬度	高度	航向倾角 φ	旁向倾角 ω	相片倾角 k
DSC1046.JPG	41.738411	86.126944	1298	2.125887	3.914168	4.022431
DSC1047.JPG	41.738947	86.126944	1308	12.634470	3.598307	−4.632181
DSC1048.JPG	41.739480	86.126975	1312	22.093843	3.040742	−2.478828
DSC1049.JPG	41.739942	86.127008	1312	6.2212863	−2.378347	−5.653925
DSC1050.JPG	41.740450	86.126975	1308	4.597848	−4.658045	3.582971
DSC1051.JPG	41.740954	86.126964	1305	15.644770	−3.196841	−3.978485

图 5.3 POS 数据一般格式

注意：Pix4DMapper 软件只需要相片号、经度、纬度和高度数据就能计算。

控制点文件中，控制点名字中不能包含特殊字符。控制点文件可以是 TXT 或者 CSV 文件，格式如图 5.4 所示。

点号	编码	北坐标 /m	东坐标 /m	高度 /m
9102701		510 663.429	4 623 422.213	932.844
9112502		510 251.630	4 623 448.686	931.712
9111503		510 186.640	4 623 153.160	928.621
9105004		510 169.514	4 622 822.759	929.934

图 5.4 控制点文件格式

5.3.3 建立工程并导入数据

1. 建立工程

打开 Pix 4D Mapper，选择“项目”→“新建项目”，在弹出来的对话框中设置工程的属性，如图 5.5 所示。选“航拍项目”，不选“植被”和“倾斜项目”，然后输入工程名字，设置路径

（工程名字以及工程路径不能包含中文）。选择“新项目”，然后单击“Next”按钮。

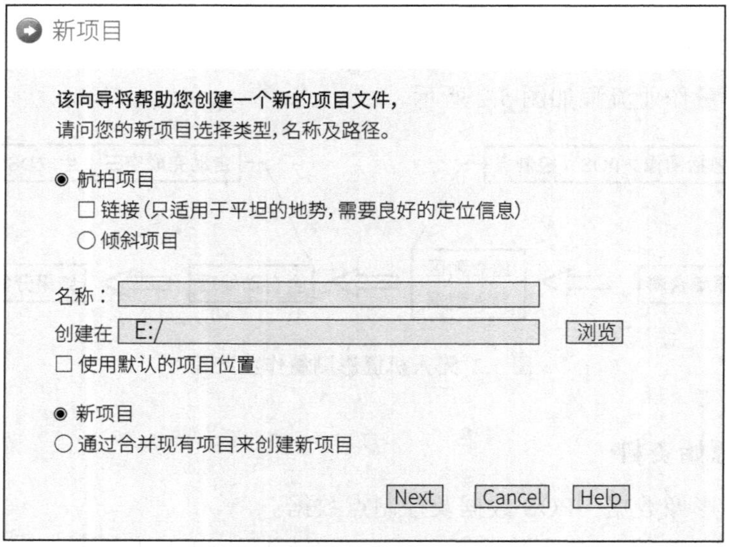

图 5.5 新建工程项目

2. 添加图像

单击“添加图像”按钮，选择需要加入的图像。图像路径可以不在工程文件夹中，但路径中不能包含中文，如图 5.6 所示。

3. 设置图像属性

① 图像坐标系：设置 POS 数据坐标系，默认是 WGS84（经纬度）坐标。

② 地理定位和方向：设置 POS 数据文件。

③ 相机型号：设置相机文件。通常软件能够自动从影像中识别相机模型。

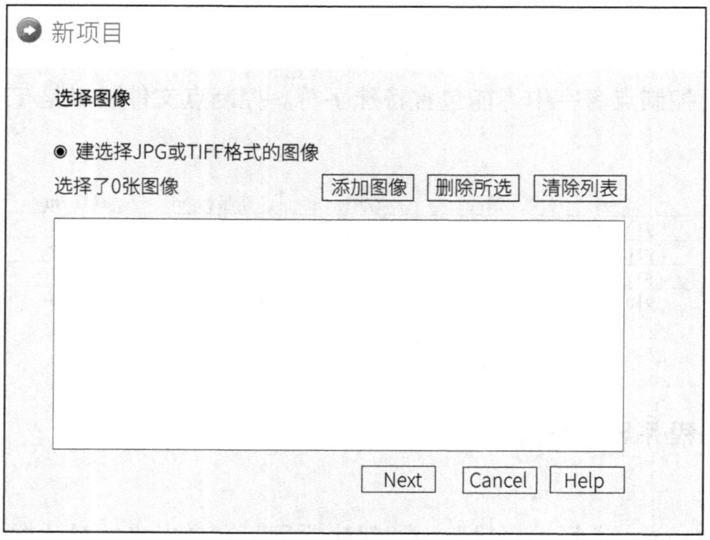

图 5.6 添加图像

5.3.4 加入控制点

控制点必须在测区范围内合理分布，通常在测区四周及中间都要有控制点。要完成模型的重建，至少要有 3 个控制点。通常 100 张相片 6 个控制点左右，更多的控制点对结果精度也不会有明显的提升，但在高程变化大的地方更多的控制点可以提高高程精度。控制点不要在太靠近测区边缘的位置，控制点最好在重叠的 5 张影像（至少 2 张）上能同时找到。

方法 1：使用像控点编辑器加入控制点。

这种方法需要逐个把控制点在影像上刺出，刺出后可以由软件自动完成初步处理、生成点云、生成 DSM 及正射影像。

1）加入控制点文件

选择“管理控制点 / 手动连接点”，出现对话框。单击“导入控制点”按钮，在弹出来的对话框（见图 5.7）中设置像控点坐标系，导入像控点文件（csv 格式）。

2）在图像上刺出控制点

单击“编辑”按钮，打开“像控点编辑器”对话框。在左侧的图像列表中选中图像，右侧就会显示出该图像。在对应的位置上单击鼠标，标出控制点。一个控制点最少要在两张图像上标出来，通常建议标注在 3~8 张图像上。在质量报告中会显示是否需要在更多的图像上标出控制点。

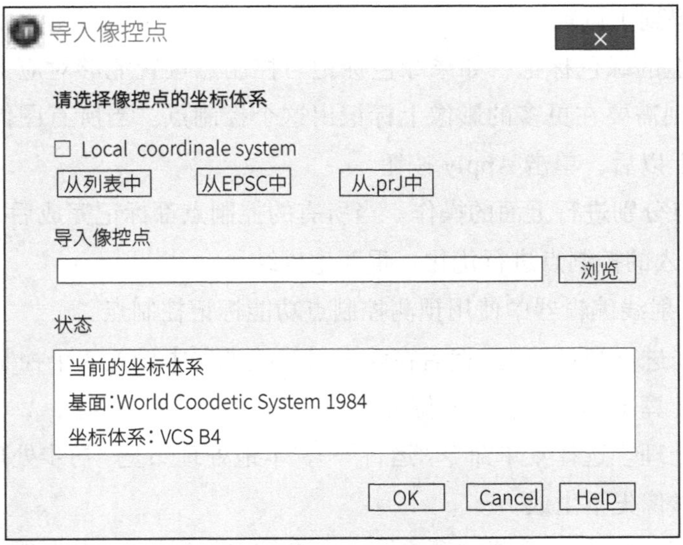

图 5.7 导入像控点

方法 2：在空三射线编辑器中刺出控制点。

这种方法需要先进行初步处理然后在空三射线编辑器中显示控制点，通过 POS 数据预测出所有控制点位置。这种方法适用于软件坐标系统库中可以找到 POS 数据坐标系统与 GCP 坐标系统的情况，这两个坐标系统不一定要相同，软件会自动将它们转化成同一个坐标系统。使用这种方法添加控制点，在初步处理后需要手动设置控制点。

（1）导入控制点文件到工程中。

（2）完成初步处理。选择菜单“运行”→“本地处理”，把“初步处理”及“高精度处理”选上，点云及正射影像先不生成。单击“开始”按钮进行处理。如图 5.8 所示。

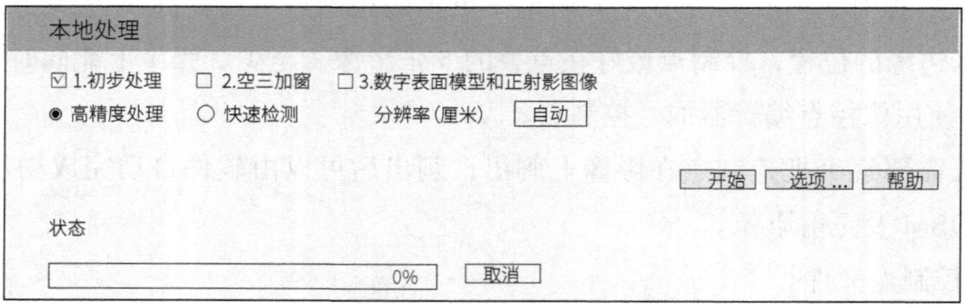

图 5.8 数据初步处理

（3）在空三射线编辑器中刺出控制点。选择菜单“视图”→“空三射线编辑器”，打开空三射线编辑器，可以看到生成的连接点及系统预测的控制点位置（蓝色的圆圈，中间有一个小点）。

空三射线编辑器左侧的列表框中会显示这个控制点所在的所有影像，在影像上单击，标出控制点的准确位置（至少标出两张）。这时控制点的标记会变成一个中间带黄叉的黄框，表示这个控制点已经被标记过如果这个标记中间多了一个绿色的叉，则表示这个控制点已经重新参与计算，重新得到了位置。

检查其他影像上的绿色标记，如果绿色标记与控制点位置能够对应上，那么这个控制点不需要再标记，否则需要在更多的影像上标记出这个控制点。当所有图像中的绿色标记的位置都在正确的位置上以后，单击 Apply 按钮。

对其他的控制点分别进行上面的操作。当所有的控制点都标记完成后，选择“运行”→“重新优化”，根据新加入的控制点进行优化，重新生成结果。

方法 3：在空三射线编辑器中使用预测控制点功能标记控制点

这种方法需要先进行初步处理，然后在空三射线编辑器中设置 3 个控制点，确定坐标系统，接下来系统会自动计算出其他控制点的位置。

（1）完成初步处理。选择菜单命令“运行”→“本地处理”，把“初步处理”及“高精度处理”选上，点云及正射影像先不生成。

（2）设置 GCP 坐标系统。选择“项目”→“像控点编辑器”，在出现的对话框中单击“坐标体系”按钮，出现如图 5.9 所示的“选择像控点坐标体系”对话框，可以在这里选择坐标体系的输入方式。

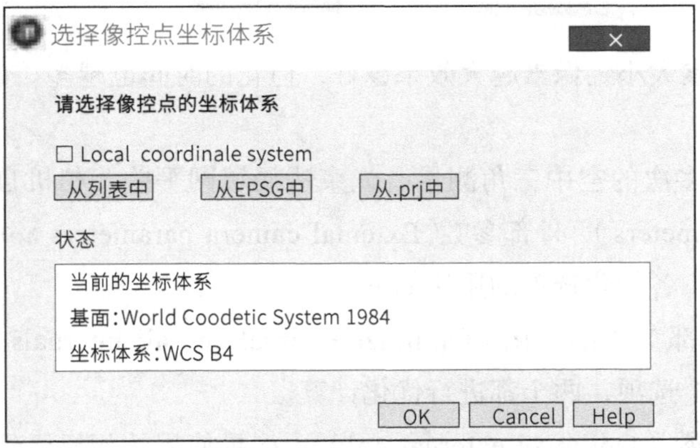

图 5.9 像控点坐标体系设置

（3）在空三射线编辑器中刺出 GCP。选择“视图”→“空三射线编辑器”，软件生成的连接点会显示在三维视图中。在三维视图中单击靠近控制点附近位置的点，在右侧的视图中找到该控制点的准确位置。

在右侧的影像视图中单击影像，在两张影像上面刺出这个控制点的准确位置。在一张影像上刺出这个控制点后，该位置会出现一个黄色的标记，在另外一张影像上刺出这个控制点后，单击 Optimize 按钮，该控制点在所有影像上相应的位置会显示一个绿色的标记，表示系统自动计算出来的位置。检查绿色的标记与实际控制点位置是否一致。确认无误后单击“Apply”按钮。

按以上步骤添加 3 个控制点后，系统会把剩下的控制点添加到工程中。系统会自动计算出新加入的控制点的位置信息，并且以蓝色的圈圈中间有一个点的标记表示。调整控制点的位置使之与实际位置对应，逐个检查控制点的位置，没有问题后单击“Apply”按钮，然后继续设置其他控制点。

当所有控制点添加完成后，选择菜单栏“运行”→“重新优化”，软件会把新加入的控制点参与重新计算。

注意：这种方法适用于以下两种情况：

① 没有影像位置的 POS 数据，但是有地面控制点数据；

② GCP 数据坐标系统与 POS 数据坐标系统关系未知（互相之间不知道怎么转化）。

5.3.5 全自动处理

选择菜单命令“运行”→“本地处理”，会出现如图 5.8 所示的对话框。

在前面添加控制点的过程中，如果初步处理已经完成（使用方法 2 及方法 3 添加控制点），那么这里就不需要再次运行了。根据需要选择需要运行的步骤，单击“开始”按钮运行。可以单击“选项”按钮设置生成的点云及正射影像的范围。

1. 初始化设置

单击图 5.8 中的“选项”按钮，打开如图 5.8 所示的对话框。

1）特征提取。

设置处理单位像素大小，像素越大效果越好，但花的时间也越多。像素越小，耗时越小。

2）优化。

优化环节包括了多次的空中三角测量、光束法局域网平差及相机自检校计算。内部参数（Internal camera parameters）、外部参数（Extemal camera parameters）可以分别理解为内方位元素以及外方位元素。各优化选项的用法如下。

① 内部参数，外部参数都优化（Optimize external and all internals）：通常无人机振动比较大，所以建议选这个选项，两个都进行优化计算。

② 仅优化外部参数（Optimize external only）：如果使用的相机已经进行严格的检校，而且相机参数一定要被使用，我们就会选这个选项。

③ 优化外部参数及主要的内部参数（Optimize externals and leading internals）：对于视角相机模型，主要的内部参数包括相机焦距及两个径向畸变参数；对于鱼眼镜头模型，主要内部参数是指相机参数的多项式系数。

注意："重新匹配图像"选项会对影像进行更多的匹配，会得到更好的匹配效果。在测区内有大量植被、森林时，建议选上该项，只是选上该项会增加处理时间。

3）输出。输出有 3 个选项，选择不同的选项，会得到不同的结果。

① 相机内部与外部组件，AAT，BBA：选上该项，会生成相机内部参数及外部参数、空三文件、区域网光束平差文件。

② 未畸变图像：选上该项，会纠正畸变影像。如果提供了相机参数，在 processing save undistorted images中可以生成畸变纠正影像。

③ 低分辨率影像图：勾选上可以生成低分辨率的影像图（快拼图）。

2. 点云加密

单击"点云加密"标签，打开"点云加密"选项卡，如图 5.14 所示。

（1）像素对比。

① 图像比例：设置得越大，生成的点越多，得到的细节越多，但花的时间也越多。

② 多重比例：选上后会额外生成更多的 3D 点，体现更多的细节。

③ 点云密度：越大越慢，越小越快。

④ 最少匹配数：点云中每个点至少要在几张影像上有匹配点。3 是默认值，通常在影像重叠度不是很高时选 2，但得到的点云质量不是很高。选 4 会提高点云质量，但是得到的点数量会减少。

（2）点云过滤器。

① 使用密云加密区：如果已经画了一个加密区域，那么选上这个复选框后，生成的成果只限于这个区域。

② 使用注解：注解可以生成一些输出成果，这些成果可以用来改变 RayCloud 视图中加密

点云与致密点云的视觉效果。

③使用噪波过滤：选上这个复选框后，可以设置点云噪波过滤模板的半径大小，模板半径越大删去的点越多，得到的结果越平滑，模板半径越小保留的点越多。通常设置为 6~15 可以得到更多的细节。

④使用平滑表面：一旦使用噪波过滤，那么根据点云会有一个表面生成，这个表面会有很多不正确的小疙瘩，选择本复选框可以改善这些疙瘩。

平滑程度分 3 种，在“类型”中设置：sharp 可以保留更多的转角、边缘特征；Smooth 平滑整个区域；Medium 是前两者的一个综合。

注意：“半径”用于设置平滑算法模板的半径。设置为 0 时不做平滑，设置为默认时可以保留一些栏杆、天线等特征。设置大于 20 时会平滑尖锐的区域。

（3）输出。

XYZ 是空间坐标文件，LAS 是 LiDAR 点云文件，LAZ 是 LAS 压缩文件。

3. 数字表面模型及正射影像的生成

（1）栅格数字表面模型（DSM）。

①GeoTiff：保存 DSM 为 GEOTIFF 文件。

②合并瓦片：生成一个融合的大文件，没有选择此项的话生成的 DSM 是分块的。

（2）坐标方格 DSM。

设置坐标 DSM 格式，XYZ 选项下 Spacing 为生成的 3D 点距离。

（3）正射影像图。

①“GeoTiff”选上后可以输出正射影像图。Weighted Average（加权平均）选项是默认的，如果选择 Multi-band Blending，那么处理速度会加快，但是在一些边角区域会出现更多艺术效果。

②“谷歌地图瓦片和 KML”这个选项选上后会生成 KML 文件，可以在 GoogleMaps 中显示的影像。

（4）三角模型。

用正射影像、DSM 生成 OBJ 格式文件。该格式文件通常在三维建模时使用，可以在 3dsMax 中打开。

（5）等高线。

设置生成的等高线格式，有以下两个选项：

①基地轮廓：设置开始生成等高线高程；

②海拔区间：设置等高线距离（等高距）。

5.3.6 质量报告分析

质量报告分析主要关注区域网空三误差、相机自检校误差、控制点误差。

1. 区域网空三误差

Mean reprojection error 就是空三误差，以像素为单位。相机传感器上的像素大小通常为 6 μm，不同相机可能不一样。换算成物理长度单位就是 0.166577 × 6 μm。

2. 相机自检校误差

相机自检校误差如图 5.10 所示。上、下两行数值不能相差太大，例如，Focal length 上面行是 33.838 mm，下面行若是 20 mm，那么肯定是初始相机参数设置有问题。

R1、R2、R3 三个参数不能大于 1，否则可能出现严重扭曲现象。

Internal Camera Parameters ⊟ **DSC-RX1_35.0_6000x4000. Sensor dimensions: 36 [mm] x 24 [mm]**

EXIF ID: DSC-RX1_35.0_6000x4000

	Focal length	Principal point x	Principal point y	R1	R2	R3	T1	T2
Initial values	5639.667 [pix] 33.838 [mm]	3000.000 [pix] 18.000 [mm]	2000.000 [pix] 12.000 [mm]	-0.046	-0.182	0.269	-0.001	0.000
Optimized values	5654.647 [pix] 33.928 [mm]	3003.492 [pix] 18.021 [mm]	1984.455 [pix] 11.907 [mm]	-0.032	-0.288	0.463	0.000	-0.000

图 5.10 相机自检校误差

3. 控制点误差

控制点误差有 Error *X*、Error *Y*、Error *Z* 三个方向的误差，如图 5.11 所示。

Geolocation and Ground Control Points

GCP name	Tolerance XY/Z [m]	Error X [m]	Error Y [m]	Error Z [m]	Projection error [pixel]	Verified/Marked
3D GCP: 9991060011	0.020/ 0.020	-0.081	0.125	0.262	0.467	4 / 4
3D GCP: 9991072010	0.020/ 0.020	0.063	-0.003	0.099	1.568	8 / 8
3D GCP: 9991076009	0.020/ 0.020	0.085	-0.017	0.100	0.882	5 / 5
3D GCP: 9991146008	0.020/ 0.020	-0.021	-0.019	-0.052	0.745	4 / 4
3D GCP: 9991147002	0.020/ 0.020	-0.030	-0.119	-0.054	0.566	6 / 6
3D GCP: 9991048001	0.020/ 0.020	-0.049	0.097	-0.021	0.839	5 / 5
Mean		-0.005480	0.010685	0.055407		
Sigma		0.050411	0.080966	0.112443		
RMS error		0.050663	0.091668	0.126393		

图 5.11 控制点误差

在精度报告的结尾，可以显示控制点在哪些影像中已经刺出来，在哪些影像中没有刺出来。如果精度不够好，可以根据需要在这些影像中刺出控制点，提高精度。

5.3.7 点云及正射影像的编辑输出

1. 编辑点云数据

编辑点云数据的工具栏。

编辑点云数据，成果可以直接输出，具有以下功能：

① 曲线对象创建功能，可直接获取高程点、量取地物距离长度；

② 平面对象创建功能，可实现地物面积量取；

③ 堆存对象创建功能，可实现体积计算，可直接在点云上量取表面积及体积等物理信息。

2. 编辑正射影像

这一阶段的工作流程是：调整拼接线→投影切换→混合影像→正射影像成果。

（1）调整拼接线。

根据生成的初步成果，调整拼接线。进行拼接线调整的时候，主要的调整对象是影像上的房屋及道路，这些地方图像拼接的时候最容易出现扭曲、错位，所以是重点调整对象。

（2）投影切换。

选择所有的拼接影像，右击鼠标打开功能表，选取平面投影，这个步骤可以初步解决影像的拉花、变形问题，然后进行人工检查，因为个别影像需要人工操作、切换才能达到更好的成像效果。

（3）混合影像。

进行前面一系列的操作之后，切换到混合影像功能，在右方界面单击“混合影像”按钮，便可生成最终的正射影像成果。

（4）正射影像成果。

完成以上步骤的操作以后，就可以出正射影像成果。成果输出路径为预设保存路径内的2_mosaic 文件夹。

5.4 无人机摄影测量软件 UASMaster

5.4.1 准备工作

开始创建工程之前，需要做好以下准备工作：

①准备待处理影像，最好事先进行畸变改正；

②准备 POS 数据；

③准备控制点数据；

④准备相机文件。

5.4.2 新建工程

（1）双击 UAS 图标，打开 UASMaster 7.0.1 软件。

（2）选择菜单命令 Project → NewFile 或者单击图标，进入以下界面。

在 Basics 对话框中，主要是定义目标工程坐标系，Description 和 Operator 默认即可。

在 Units 选项组中，如果 POS 坐标已经转换为与控制点一致的平面坐标系统，选择 Local 即可，如果没有控制点或者 POS 坐标没有转换为平面坐标，则需要选择 Other 选项，然后在 Coordinate system 下坐标列表框中选择需要的目标坐标系统，一般不建议这么做，最好是把 POS 坐标提前转换为需要的目标坐标系，选择 Local 项即可。

在 Corrections 选项组中，把两个复选框都选上，让系统做地球曲率校正和大气校正。一般默认都是选中这两项的。

（3）新建相机。

① 在Basic选项卡中，在Camera ID文本框填入相机的英文名字，也可以随便填入一个数字；Sensors type 默认为 CCD frame；在 Brand 中选择 custom 即可。

② 在 Calibration选项卡中，输入 Focal length（焦距）、Sensors size（传感器尺寸）、Pixel size（像素尺寸）等参数。

在 Image coordinate system 选项中，设置的是相机位置的整体旋转，新工程按照默认设置即可，待工程建立完成后，可以查看影像航带内和航带间的相对位置是否正确，如果不正确，再进行相机位置的调整，直至影像相对位置摆放正确。

在 Definitions are provided for 参数设置部分一般选择 PPA only，如果影像做过畸变改正，这里 x、y 文本框中输入 0 即可。

③ 在 Distortion 选项卡中，如果影像畸变已经提前做过改正，这里选择 none / off 即可。

④ Comments 选项卡可以暂时不用设置。

（4）输入影像。

选择菜单命令 Frame type → Import → Image file → Add → Add file 或者 Add directory，找到需要的影像文件或者影像文件夹；在 Terrain height 文本框中输入尽量准确的平均地形高。

（5）导入 POS 数据。

① 双击 GNSS/IMU 按钮，导入需要导入的 POS 数据，按照 ID/X/Y/Z/OMEG/PHI/KAPPA 进行分列，进入 ID 列表，这里的 POSID 必须与刚才导入影像选取的 ID 字符一一对应。

②导入 POS 数据之后，单击 Std.Dev 按钮，进行标准差设置（见图 5.12）。

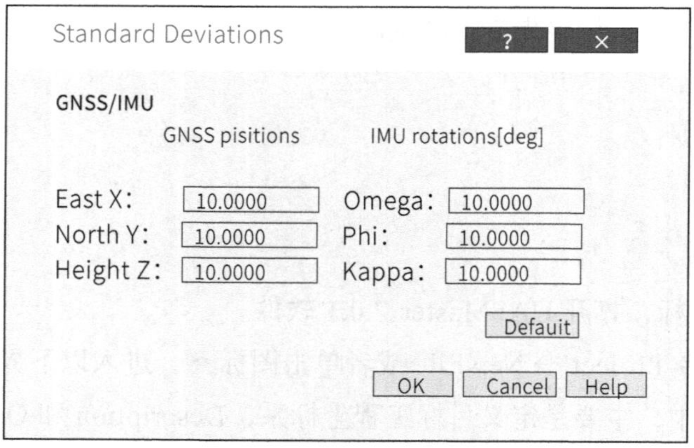

图 5.12 标准差设置

（6）导入控制点。双击 Points 按钮导入控制点，操作步骤与导入 POS 一样。

（7）航带生成。双击 Strips 按钮，进入航带生成界面。按照提示一步一步进行设置即可。

（8）单击“保存”按钮，选择一个保存路径和工程名字。

5.4.3　影像位置检查

工程保存完后，进入影像位置检查界面。

如果影像是 TIFF 格式，需要选择 Tools → Images Commander，建立影像金字塔，生成影像金字塔文件。

选择 Photos，选中所有影像，检查影像整体摆放是否正确。或把所有影像置为不显示模式，选取每条航带相邻影像和相邻航带影像，改为显示模式，查看影像摆放是否正确。如果不正确，在 Edit Camera 对话框的 Image coordinate system 部分旋转相机即可。

5.4.4　同名点提取

同名点提取功能在屏幕右侧竖向工具栏中。单击 Extract 按钮，选择 Default 模式即可。同名点提取过程界面。如果处理失败，飞行姿态很差，可考虑使用 Low resolution 或者 Half resolution；若 GNSS 误差超过 lom，建议撤选 UseGNSS/AP-，然后单击“开始”按钮进行计算。

注意：默认是选择 USEGNSS/APPROX.EO 的，GNSS 位置激活，并且参加到平差当中。

5.4.5　控制点量测

在 Points 列表中，双击其中一个控制点，在 Multi Aerial 窗口中会自动调出该控制点所在的所有影像，可在此进行控制点的点位量测和刺准。

具体操作方法如下。

① 选中（选择）图标。

② 在左侧列表中双击任意一个控制点，弹出 Multi Aerial 窗口，在该窗口中显示了该控制点所在的所有影像。

③ 用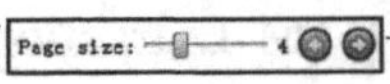设置当前窗口一次显示影像数量，可以通过拖动滑块来调节数量，绿色箭头用来翻页。

④ 把鼠标放在任意一张图片上，通过按住 Ctrl 键 + 移动鼠标的方法，移动图片，使光标与实际控制点地物重合。

⑤ 由于 GNSS 定位不准确，会造成预测点与实际地物点相差较远，可以先在两张图片上刺点，然后在左侧控制点列表中双击所刺的控制点，右侧窗口中其他图片上的相应控制点会自动调整到该控制点附近，方便刺点。还可以单击 Track 按钮，自动刺入控制点。

⑥ 逐个把控制点刺入，完成后保存。

5.4.6　平差

控制点量测完毕，接下来可进行整体平差，屏幕操作界面。

1. Adjustment With Calibration

平差和相机检校有三个选项：

① First approximation：用于没有检校信息可用的情况，使用这种模式计算出一个检校模

型，相当于粗略校准。

② Extensive：针对所有相机做检校，通常需要一个检校模型来完成检校，一般是在 first approximation 检校基础上做进一步检校。

③ Refine：当控制点刺完后，可以使用这一项做相机检校。

一般就是按照①→②→③的顺序进行。如果相机已经通过专业的机构做过检校，相机参数非常准确，只需要使用 Adjustment（optional）平差即可。

2. Adjustment（optional）

① Default：仅用于影像已经做过畸变改正的平差。

② Recompute EO：重新计算外方位元素。

对于做过畸变处理的影像，用 Adjustment（optional）模式即可。

5.4.7 地面模型生成

选择 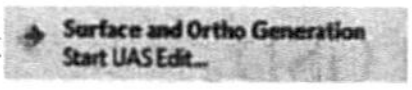

，进入地面模型生成界面。

第一次生成 DEM 时，只有 Generate Point Cloud 是激活的，单击该项进行参数设置，如图 5.13 所示。

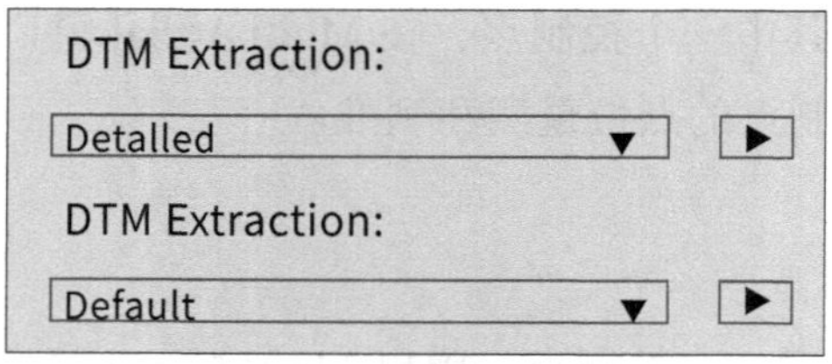

图 5.13 设置 Extraction 方式

这里可以生成 DTM 和 DSM 两种产品，如果只做 DOM，选择 DTM Extraction 就可以。如果需要生成精细的地表模型，需要选择 DSM Extraction。

DTM Extraction 有三种模式选项：

① Detailed：保留地面信息比较多，大部分建筑物会保留下来，格网间隔是 0 级影像分辨率的 27 倍。

② Smooth：格网间隔是 1 级影像地面分辨率的 30 倍。

③ Smoother：格网间隔是 2 级影像地面分辨率的 30 倍。做 DOM 时选择这个模式就可以，不需要再针对 DTM 做滤波处理。

DSM Extraction 有四种模式选择：

① Default：匹配点到 Level 1 级，格网间隔是 3 倍 Level 1 级别的 GSD。

② Dense：匹配点到 Level 0 级，格网间隔是 3 倍 Level 0 级别的 GSD。

③ Sparse：匹配点到 Level 2 级，格网间隔是 3 倍 Level 2 级别的 GSD。

④ Very sparse：匹配点到 Level 3 级，格网间隔是 3 倍 Level 3 级别的 GSD。

如果没有特殊要求，一般使用默认模式即可。

5.4.8 DTM 编辑

在 Piont Cloud Manager 窗口，在测区内选中一个区域或者将测区全部选中，选中区域变成红色。

然后单击 Load Into Editor 按钮，就可以进行 DTM 编辑。DTM 编辑主要用到以下两个工具。

1. Filter Brush（刷子）工具

其原理就是根据刷子边缘外面的高程信息，自动把刷子区域内的高程按照刷子外围的高程进行插值。

2. Profile Aera（轮廓区域）工具

使用 Profile Aera 工具，选取一个建筑物模型，在边缘单击一下，拉一条红色线，然后把红色线向建筑物另一侧拉动，选中建筑物。在建筑物上按住鼠标左键，可以旋转查看三维点云，这里使用矩形选取工具或者多边形选取工具，选取高出地面的点，被选中的点红色显示。选择工具，可把选中的高出地面的点平到地面。

5.4.9 正射纠正和镶嵌

（1）单击进行正射纠正和镶嵌。

（2）模式选择。在

下拉列表框中，有三个选项：

① Classic Ortho（经典正射）；

② Quick（快速正射）；

③ True Ortho（真正射）。

正射纠正和镶嵌过程中一般选择使用 Classic Ortho（经典正射）。

（3）运行结束后，打开工程文件夹，即可看到生成的 DOM，命名为 mosaic.tif，如图 5.15 所示。

图 5.14 工程文件夹中的 DOM

5.4.10 快速成图

UAS Master 软件具有快速生成快拼图的功能。工程建立完成后，选择 Quick Processing（optional），即可启动快速成图功能，如图 5.15 所示。

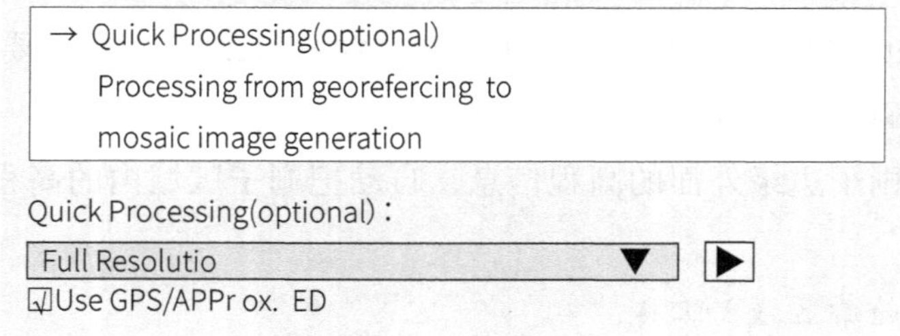

图 5.15 启动快速成图功能

快速成图有两种模式：

① Full Resolution（全分辨率）；

② Preview（预览）。

快速成图一般选择 Preview 模式，处理速度比较快。快速成图功能是一键式处理，包括空三、DTM、正射纠正与镶嵌匀色，都在一个过程中完成，最终只输出 DOM 成果。

5.5 无人机倾斜摄影建模软件 Context Capture

5.5.1 Context Capture 软件的特点

Context Capture 自动建模系统是基于图形运算单元（GPU）的快速三维场景运算软件，整个过程无须人工干预，可从简单连续影像中生成高逼真的实景真三维场景模型，具有快速、简单、全自动、广泛的数据源兼容性和优化的数据输出格式等优势。

运用倾斜摄影技术获取沿线的倾斜影像数据及正射影像数据，通过合理布设部分野外像控点，将影像数据、POS 数据、野外像控点数据导入 Context Capture 自动建模系统进行批处理。在计算三维模型数据或 3D TIN 纹理方面，Context Capture 自动建模系统并不需要人工干预。人工参与的工作主要是：质量控制、野外控制点对应同名点、航空影像的选择、用外部软件编辑修饰三维模型、人工对修改过的三维模型纹理进行清除、导入系统中进行新的纹理贴面。

为满足客户的不同需求，Context Capture 自动建模系统可生产以下数据产品：DSM、TDOM、点云数据和三维模型。三维模型的数据格式具有多兼容性，可输出的数据格式有 S3C、OBJ、OSG（OSGB）、DAE 等。S3C 格式的数据只能在 Acute3D 的浏览器 Context Capture Viewer 中打开。

5.5.2 数据检查与预处理

1. 航空影像数据的检查与预处理

① 影像数据地面分辨率是否达到要求。

② 通过目视观察应确保：影像清晰，反差适中，颜色饱和，色彩鲜明，色调一致，有较丰富的层次，能辨别与地面分辨率相适应的细小地物影像，满足外业全要素精确调绘和室内判读的要求。

③ 检查影像重叠度，确保影像重叠度达到要求。

④ 对影像数据编号，方便后期数据管理和检查。

2.POS 数据的检查与预处理（可选）

① POS 数据的记录是否与影像一一对应。

② 将 POS 数据整理成软件需要的格式。

3. 野外控制点成果数据的检查与预处理

①借助 Coogle Earth 检查野外控制点成果。

②在作业范围内均匀挑选部分控制点在建模时使用，剩余控制点在后期精度检查时使用。

③对于建模时使用的控制点，提前挑选好控制点相片。

5.5.3 三维模型生产过程

三维模型数据生产过程是：将获取到的符合建模要求重叠度的航空影像进行预处理，导入 Context Capture 软件系统，均匀挑选出一定数量的野外控制点，软件则自动匹配运算，进行三维模型生产。

1. 自动化空三加密

在 Context Capture 自动建模系统中加载测区影像，人工给定一定数量的控制点，软件采用光束法区域网整体平差，以一张相片组成的一束光线作为一个平差单元，以中心投影的共线方程作为平差单元的基础方程，通过各光线束在空间的旋转和平移，使模型之间的公共光线实现最佳交会，将整体区域最佳地加入控制点坐标系中，从而恢复地物间的空间位置关系。

2. 影像密集匹配

密集匹配技术，系统根据高精度的影像匹配算法，自动匹配出所有影像中的同名点，并从影像中抽取更多的特征点构成密集点云，从而更精确地表达地物的细节。地物越复杂、建筑物越密集的地方，点密集程度越高，反之，则相对稀疏。

3. 纹理映射

① 由空三加密和影像密集匹配后建立的影像之间的三角关系构成三角格网 TIN。

② 由三角格网 TIN 构成白模型，软件从影像中计算对应的纹理，并自动将纹理映射到对应的白模型上，最终形成真实三维场景，如图 5.16 所示。

图 5.16 TIN 白模型（左）和纹理映射后真实三维场景模型（右）

4. 多节点运算

Context Capture 自动建模系统是为满足多节点并行计算而设计的，适用于大面积的真三维模型和 DOM、DSM 的生产，通过并行运算可大大提高生产效率，具体生产效率根据服务器数量而定。此外，用户无须深究如何安排工作，只须设置好子节点的环境变量工作目录，即可进行运算。所设计的并行体系架构是基于专用磁盘存储访问的高端计算机群，允许多个节点快速访问数据和高效计算。

5. 成果输出

采用 Context Capture 进行倾斜摄影快速三维建模，可输出的产品有真实三维场景模型、正射影像（DOM）、数字地表模型（DSM）、点云数据（LAS 格式）。

真三维模型可输出的数据格式主要有 .DAE、.OSGB 和 .OBJ。成果模型中所有建筑物的空间关系和纹理，均采用分层显示技术（LOD），分层多达 20 层以上，既保证任何配置的计算机均能流畅地显示地物模型，又能充分详细地表达建筑物细部特征。

5.6 无人机大面积航测的难点及解决措施

随着无人机技术的发展、智慧城市建设不断推进，城市影像、三维建模等概念愈发与城市建设紧密联系起来，地理、空间信息应用推陈出新，逐渐从二维向三维演进。

我国疆域广袤，由于自然环境、技术发展、操作人员技能熟练程度等方面限制，无人机在大面积航测、大面积实景建模也意味着更高难度的挑战。

1. 地理环境影响

一般来说，在进行大面积航测任务时，囊括的地形更加复杂，特别是在高原、平原、丘陵、山地等多种地形杂糅的地区，视野盲区多、信号传播不稳定、高原空气稀薄等因素，会导致无人机作业半径受限、动力不足等，影响无人机作业。

2. 气候条件影响

大面积航测意味着需要更多的作业时间，无人机外业受气候影响较大，不同时间作业采集的光线、色彩、动态景别状态不同，会导致采集的数据不统一，内业建模难度增加，甚至成果质量不达标导致重新作业。

3. 应用技术发展水平影响

无人机航测是一项涉及多个技术领域的综合应用，它对机体结构设计技术、机体材料技术、无线通信技术、飞行控制技术、人工智能和发动机技术等有较高的要求。目前各项技术发展参差不齐，多型无人飞行平台与载荷集成度低等问题，一定程度上限制了无人机在大面积航测领域中的深度应用。

4. 作业人员专业技能熟练程度影响

由于大面积航测采集的数据量大、精度要求高，导致外业周期长、专业人才需求量大；内业建模时需进行大区划分、分块计算、数据合并，数据计算量增加、容错率降低。整个作业过程，需要作业人员有责任心、足够丰富的内外业经验，才能从容应对作业过程中遇到的各种情况。

针对上述问题，业内也在积极采取一些可行性方法使其得到改善：

（1）在实施大面积航测时，可以结合测区地形地貌、气候、交通及无人机性能等要素，并考虑像控点布设与测量的合理性、无人机起降场地预设等因素，将测区划分成多个规则的区域，同时派遣多机队进行分区航测，缩短外业周期，降低气候变化对数据采集的影响，减少时间成本。

（2）提高无人机飞行速度，同时缩短拍摄时间间隔，可以提升作业效率；另外，可以利用加大传感器尺寸的方式或多相机拼接技术，来增大单张或单次拍摄照片的面积，以提升无人机单架次航摄总面积。

（3）由于无人机航摄大面积测区耗时较长，可将无人机免像控功能与人工布设像控点相结合，在地物特征不明显区域等关键位置提前人工布设像控点，随后在无人机航摄的同时进行像控点测量，这样可以在保证数据准确的情况下，有效节约布设像控点和像控测量的时间，提高作业效率。

（4）无人机航测是一个专业性强、多学科交叉融合的领域，随着无人飞行平台的更新迭代、载荷升级和软硬件技术的不断发展，不断培养专业人才和吸纳优秀专业人才，加强无人机行业和测绘行业之间的信息交流。

5.7 案例：无人机倾斜摄影测量1∶500地形图技术设计书

5.7.1 采用的主要技术标准

1.《无人机航摄安全作业基本要求》CH/Z 3001—2010

2.《无人机航摄系统技术要求》CH/Z 3002—2010

3.《低空数字航空摄影测量内业规范》CH/Z 3003—2010

4.《低空数字航空摄影规范》CH/Z 3005—2010

5.《数字航摄仪检定规程》CH/Z 8021—2010

6.《全球定位系统（GPS）测量规范》（GB/T 18314—2009）；

7. GB/T 20257.1—2017《国家基本比例尺地图图式第 1 部分：1∶5 001∶10 001∶2 000 地形图图式》；

8.《数字测绘成果质量检查与验收》GB/T 18316—2008）；

9.《1∶500 1∶1000 1∶2000 地形图航空摄影测量数字化规范》（GB/T 15967—2008）；

10. 本项目技术设计书。

5.7.2 航飞摄影基本流程

1. 项目所用测量数据

1）项目测区内有高等级平面控制点 5 个以上（含 5 个），用于精度控制。

2）坐标系统：平面坐标系统采用 2000 国家大地坐标系，中央子午线 117°，投影面为参考椭球面。

3）高程系统：采用 1985 国家高程基准。

2. 像控点选取要求

（1）在选择像控点时，应充分考虑布点要求，将像控点的布设与布点方案结合在起来，选择地形测量对天通视良好且可以明确辨认的地物点和目标点；

（2）布设的标志应对空视角好，最大限度避免被建筑物、树木等地物遮挡；黑白反差不大，地物有阴影以及某些弧形地物不应作为控制点点位目标；

（3）航摄相片控制点的选取还需满足以下标准：

像控点尽量布设在航向、旁向重叠的公共区域，且靠近旁向重叠中线附近，离开中线的距离不应大于 3 cm，当旁向重叠过大或过小而不能满足要求时，应分别布点，尽量使控制点能够共用；

（4）控制点距相片边缘不小于 1.5 cm，距相片的各类标志不小于 1 mm；

（5）位于自由图边的控制点，应布设在图廓线外；

（6）像控点样式。

3. 像控点测量

测量采用 GNSS-RTK，仪器标称精度满足以下要求：

水平标称精度：± 10 mm；

垂直标称精度：± 20 mm；

GNSS 测量时，观测时间应超过 15 s，每点观测两个测回，观测值应在得到 RTK 固定解且收敛稳定后开始记录，测回间的平面坐标分量较差不应大于 2 cm，垂直坐标分量较差不应大于 3 cm。两测回结果取平均值作为该像控点测量最终成果。

像控点测量的平面坐标和高程记录至 0.001 m.

4. 飞行及摄影设备

飞行器：大疆经纬 M600 Pro

摄影设备：五目相机

5. 飞行质量要求

（1）倾斜影像的产品规格满足的指标参数，如表 5.1 所示。

5.1 倾斜影像的产品规格满足的指标参数

指标	参数
地面分辨率	＜ 0.02 m
飞行高度	80～100 m
飞行平台	无人机
倾斜摄影相机	QX1 等
定姿定位测量仪	POS 系统

（2）相片重叠度应满足以下要求：

a）航向重叠度一般应为 60%～80%，最小不应小于 53%；

b）旁向重叠度一般应为 60%～80%，最小不应小于 60%。

（3）航向覆盖超出摄区边界线应不少于两条基线。

旁向覆盖超出摄区边界线一般应不少于像幅的 50%；在便于施测像片控制点及不影响内业正常加密时，旁向覆盖超出摄区边界线应不少于像幅的 30%。

（4）同一航线上相邻相片的航高差不应大于 30 m，最大航高与最小航高之差不应大于 50 m，实际航高与设计航高之差不应大于 50 m。

（5）航摄中出现的相对漏洞和绝对漏洞均应及时补摄，应采用前一次航摄飞行的数码相机补摄，补摄航线的两端应超出漏洞之外两条基线。

6. 影像质量要求

影像质量应满足以下要求：

（1）影像应清晰，层次丰富，反差适中，色调柔和；应能辨认出与地面分辨率相适应的细小地物影像，能够建立清晰的立体模型。

（2）影像上不应有云、云影、烟、大面积反光、污点等缺陷。即使存在少量缺陷，应不影响立体模型的连接和测绘，可用于测制线划图。

（3）确保因飞机低速的影响，在曝光瞬间造成的像点位移一般不应大于一个像素，最大不应大于 1.5 个像素。

（4）拼接影像应无明显模糊、重影和错位现象。

7. 飞行任务规划

根据区域范围线，在飞行软件中按现场情况设置合理的飞行参数，建立该区域飞行计划。

任务航线如图 5.17 所示。

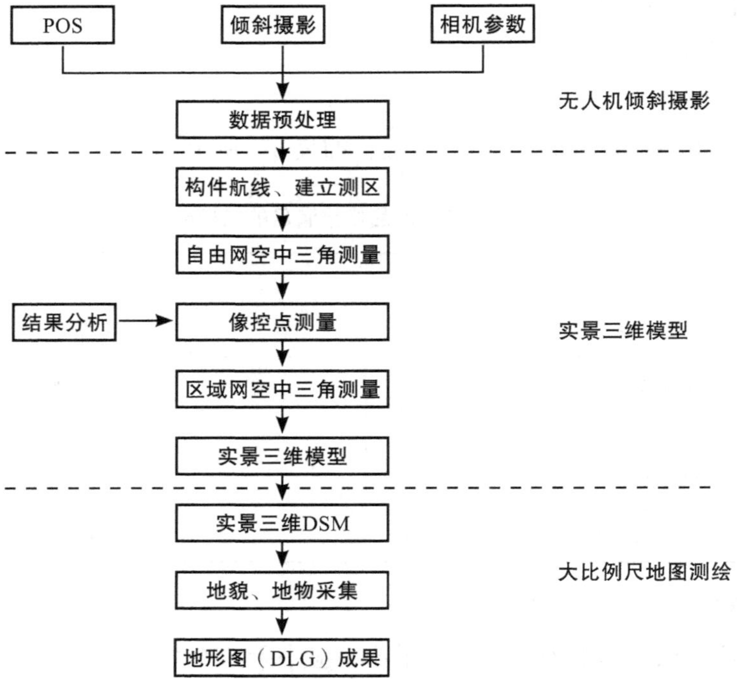

图 5.17 任务航线图

5.7.3 倾斜摄影测量建模

航空相片外业数据获取完成后，首先要对获取的影像进行质量检查，对不合格的区域进行补飞，直到获取的影像质量满足要求；当相片数据符合要求后可在建模软件中导入所有的相片数据。

倾斜摄影测量建模流程：导入像控点坐标、匹配坐标系、像控刺点、空中三角测量、空三解算通过、建立模型。

1. 空三加密

外业布设的相片控制点转标到数据影像上。内业加密点在加密时应尽量选在相邻像对目标明确易判读的点位上。用实景三维建模系统（Smart3D Capture Master）进行像点坐标量测。加密采用全数字摄影测量系统进行立体观测，利用自动空三软件进行解算。

2. 加密要求

（1）内业加密点应尽量选在本片和相邻相片都清晰、明显、易转刺和量测的目标点上。

（2）加密点和像控点大于 1 cm 时必须转刺，小于 1 cm 时可以不转刺，尽量保证加密网的连接强度。

（3）加密成果中平面坐标和高程均取至小数点三位即 0.001 m，密接四边。

3. 模型分块重构

自动空中三角测量完成且通过后，可以进行下一步的自动模型建立，在模型数据重构时，由于数据量巨大，需要切块集群运算。

5.7.4 立体测图

1. 工作流程

采用EPS地理信息工作站基础平台进行裸眼3D立体测图，从测绘与地理信息角度构建数据模型，综合CAD（计算机辅助设计，图形绘制平台）技术与GIS（地理信息系统，空间数据管理）技术，以数据库为核心，将图形和属性融为一体，从数据生产源头支持测绘的信息化转变。

立体采集工作流程：工作环境准备、建立EPS文件、导入三维模型、导入DOM、立体编辑处理、数据检查、成果输出。

2. 内业采集

裸眼3D信息采集对于信息化的DLG数据，表现在完全面向对象的动态符号化且一套数据二三维符号化一致、图属一体化、图库一体化。所有地理要素全部用骨架线＋属性描述方式表示，完全满足GIS建库与应用需求，在显示与打印环节动态符号化，完全满足图式规范与制图需求。

3. 细部采集

按模型进行全要素采集，做到不变形、不移位、无错漏。采集依比例及用符号表示的地物时，应以测标中心切准轮廓线或拐点连接，采集不依比例尺表示地物时，就以测标中心切准基点、结点、定位线。对模型不清楚，无法准确定位时，务必在相应位置做标记，以便外业补测。

5.7.5 外业调绘补测

野外调绘是航测外业的最后一道工序，也是确保地形图数学精度和地理精度的重要环节。外业调绘工作流程：资料准备、外业检查、调绘补测、内业编辑、成果输出。

外业人员按规范、图式、设计书的要求，利用航内初编的线划图对内业测绘的地形要素进行野外检查、调绘及补测。因此在调绘工作中要做到四到：走到、看到、问到、测到。

调绘补测工作要认真细致，对原图上的每一条线、每一个符号都要仔细判读，并将所调绘的内容及相关量测的数据用红笔标注在图纸上，做到图面整洁、易读，字迹清晰不乱，数据交代明确，综合取舍合理。调绘补测主要工作内容为：

（1）调注各种地理名称、房檐改正数据、房屋层数结构等。

（2）补测原图上没有的地物、地貌要素；测注建成区铺装路面高程注记点。

（3）检查纠正内业错绘的地物、地貌。

（4）实地检测地物、地貌的绝对精度和地物的相对精度。

（5）为准确真实反映地物地貌，确保成图精度，对图内所有的地物地貌元素应逐一进行量注、定性、取舍。

（6）对航内的差、错、漏，外业调绘能处理的一定要处理清楚，对新增地物、地貌要实地补测。

（7）一般补测内容直接清绘在线划图上，各类补测要素要有足够的定位数据，能准确地进行内业数据图形编辑；大面积补测的内容应在外业形成图形数据并编辑后提供给内业。

（8）在清绘或编辑时要遵循线状要素连通、面状要素封闭的数据要求。

1. 地形图测绘内容及取舍原则

地物、地貌要素按GB/T20257.1—2017《国家基本比例尺地图图式第1部分：1∶500 1∶1000 1∶2000地形图图式》表示。

2. 居民地和垣栅测绘

居民地房屋轮廓以墙基外角连线为准、即只表示出外围轮廓，内部一般予以综合，房屋楼层注记以主体房屋为准注记。

3. 交通及附属设施测绘

各种道路按不同类别、等级区分表示，道路中的各种附属设施如桥梁、涵洞等按实际位置表示，并注明宽度、路面高程和类型。

4. 管线及附属设施测绘

地面上的永久电力线、通信线及电杆、变压器均按实际位置区分表示。

5. 水系测绘

河、水沟，其图上宽度小于1 mm时，用单线表示，并加注流水方向线；图上宽度在1～2 mm时，用双线表示，中间加注流水方向线；宽度大于2 mm的，沟渠两边有陡坎时加绘陡坎符号，有水的加绘水涯线。

6. 地貌、土质的测绘

自然形成的雨裂、冲沟、陡坎、陡岩等均按实际位置测定。各种天然形成的坡、坎，坡度大于70°的按陡坎表示，小于70°按斜坡表示，同时测定顶、底高程，田坎用单线表示时，标注宽度，以米为单位。建筑区不绘等高线，但保持一定密度选择重要地物注记高程点。等高线遇地物时断开。

7. 植被的测绘

植被均按实际范围测绘其边界，并配值相应的植被符号。

8. 境界线测绘

境界测绘至村界，请当地村、社派人现场指界测绘。地形图地理名称调查注记地名、道路、山名以县人民政府批准的名称为准。

9. 高程点注记

高程点按小数点后2位注记，同时注记点位。

5.7.6 成果整理

1. 数据编辑

（1）准确性原则：编辑时应以外业调绘为准，数据编辑前后，几何精度无损。

（2）合理性原则：地形图要素之间关系表示完整、合理、清晰。

（3）一致性原则：要素数据连接、编码、层、色、线型、线宽、字体必须保持与编码方案一致。

在采集原图的基础上根据调绘的内容，遵循《技术设计书》“图式”的要求执行编辑。完成后要进行接边检查，使要素的层、颜色、线型、属性保持一致。

图面表示合理、图式运用适当。图面整洁，线条美观，曲线光滑、无变形。文字注记要按所指示的地物能明确判读，一般字头名朝北，道路、河流名称可随线状弯曲的方向排列，各字侧边或底边应垂直或平行线状物体。

2. 数据输出

地理信息工作站基础平台可以根据需要输出国家相关标准的DWG图形文件、SHP地理信息文件以及制图文件。

5.7.7 完成成果

1. 300分辨率数据3D模型电子版

2. 1∶500比例的数字正射影图电子版

3. 1∶500比例的数字数划图电子版

第 6 章

无人机航测技术在多行业中的应用简介

近几年，无人机的发展十分火热，在农业、气象、通信等领域都有所应用。通信技术是无人机的关键支撑技术，对无人机的发展具有决定性的影响。

5G 在无人机领域的应用推动了无人机的快速发展，5G 应用在无人机领域的场景具有多样性。无论是无人机的应用，还是对无人机云平台的管理，5G 都发挥着极其重要的作用。

6.1　5G＋无人机的应用

5G 在无人机领域的应用表现在方方面面。例如，5G 的应用可以提高无人机的通用能力、实现"一站式"的无人机管控服务平台、建立低空覆盖的天地一体化网络等。在分析 5G 在无人机领域的应用之前，首先要了解无人机技术的特点和使用场景。

6.1.1　5G＋无人机的技术及特点

5G 无人机具有易操作、高效率、低成本三大特点，能为更多业务场景提供端到端的解决方案，赋能各行业。

5G 无人机的易操作主要体现在无人机实时指挥管理系统的智能化转变上。5G 在无人机领域的应用不仅是对无人机本身的改变，也同样应用在其指挥管理系统上。而且，5G 网络的高速度、低延时等特性使无人机指挥管理系统更加实时高效、灵活多变。

5G 无人机的高效率是其最大的特点。在容量方面，5G 比 4G 单位面积移动数据流量增长近千倍；数据速率也大大提升，5G 峰值传输速率可达 10 Gbit/s，是 4G 的百倍；端到端时延缩短到 1 ms。大传输、高速率和低时延使 5G 无人机移动得更快，从而提高了效率。

5G 无人机同时具有低成本的特点。一方面，5G 无人机的应用解放了劳动力，减少了人工成本；另一方面，5G 无人机的高效率意味着它可以在更短的时间里完成更多的工作，提高了工作效率，自然也降低了成本。

基于 5G 无人机的电力巡检，就很好地体现了 5G 无人机易操作、高效率、低成本的特点。电力设备中输电线路大多位于无人居住区，人工巡检效率较低。这时，5G 无人机的作用就十分重要了。输电铁塔、导线等设备位于高空，使用 5G 无人机巡查，可以避免人工作业的安全风险，还可以 360° 全视角检查设备细节，提高了巡视质量。

而且，5G 无人机可组合搭载高清变焦相机、激光雷达等，通过 5G 网络将视频传输到服务器中，用户再通过传回的高清视频观看巡检，实现电力巡检高清视频的即拍即传。4G 网络下的视频和图片回传都存在清晰度不足的缺陷，而5G网络可使上行单用户速率达到100 Mbit/s，空口时延达到10 ms，进而实现更加流畅、清晰的实时视频回传效果。

同时，5G无人机可实现多机协同全景拍摄，减少图像漏拍等失误，可节约30%～90%的成本；地面站与指挥管理系统协同作业，发现问题即时进行图像复采集，效率可提升40%～80%。

6.1.2 无人机分类及应用场景

无人机在众多领域都有所应用，如环境监测、森林防火、畜牧管理、交通监管、农林植保、物流运输等，如图6.1所示。

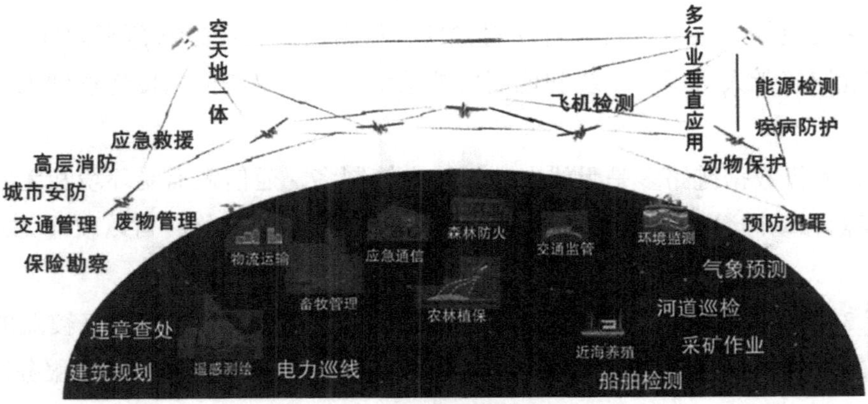

图6.1 无人机应用场景

根据机型的不同，无人机对应着多种多样的应用场景，主要可以分为以下4类。

1. 大型固定翼无人机

大型固定翼无人机的载荷量为100～200 kg，可续航20～40 h，其特点是速度快、航时久，对地震、台风、山洪等自然灾害以及恶劣天气环境的适应性较强，同时还可搭载视频监控、通信等设备，用于实时收集灾情信息。因此，它在航测、大面积快速侦查、应急响应等大型应急保障场景下十分具有优势。

2. 中型多旋翼无人机

中型多旋翼无人机的载荷量为10～20 kg，可续航1～2 h，其通过调节转速来控制飞行姿态和位置，能够达到悬停状态。另外，中型多旋翼无人机飞行高度较低，飞行速度较慢，所以适合进行电力巡检、农林植保、城市规划测绘、安防监控等需要慢速悬停飞行的任务。

例如，在进行电力巡检时，中型多旋翼无人机可定位悬停，多方位拍摄照片，高效、安全地协助工作人员确认线路是否存在装置松动或损坏等缺陷，及时发现电力安全隐患。同时，中型多旋翼无人机可搭载微型通信设备升空悬停，为应急抢险人员提供通信信号。

3. 中型固定翼无人机

中型固定翼无人机的载荷量为10～20 kg，可续航5～10 h，其广泛用于测绘、电力巡检、交通巡查、物流运输和安防监控等领域。

4. 小型多旋翼无人机

小型多旋翼无人机的载荷量为 0.5～2 kg，可续航 0.5～1h，其可搭载视频监控、红外摄像等轻型设备对应急场所进行图像采集，可代替人力巡视，广泛应用于电力巡塔、区域巡视、影视娱乐及个人消费类场景。

6.1.3　5G +无人机通用能力

2019 年 4 月，中国移动（成都）产业研究院召开发布会，发布了业界首款 5G 网联无人机解决方案。这是以 5G 为核心的无人机网、云、端的端到端系统化解决方案，覆盖通信、消防、测绘等多个领域，是 5G 网联无人机的重大创新。

无人机系统包括无人机平台、自动驾驶仪、数据链路、任务载荷和地面指控五个系统。数据链路系统连接无人机平台系统和地面指控系统，通过双向信息传递达到无人机系统的人机交互。

当前的无人机数据链路多是无线电。无线电管制多，通信距离受环境和无线电噪声影响较大。5G 蜂窝移动网数据链路依靠高速度、低时延、大带宽网络，可以取代无人机中的数据链路。

2019 年 3 月，中国移动（成都）产业研究院在多站点、连续 5G 网络覆盖的环境下，完成了无人机的飞行测试。在飞行中，无人机可以通过 5G 把采集视频回传到服务器上，随后地面控制终端从服务器获取视频数据。此次飞行测试的数据显示，在横向 1 500 m、纵向 300 m 的范围里，无人机传输信号质量良好。目前，5G 网联无人机测试机型在森林消防、电力巡检等领域已经开展了工作，获得了大量测试数据，这将助力未来 5G 网联无人机的发展。

在建设无人机云管理平台、5G 网联无人机应用等方面，中国移动（成都）产业研究院已研发出一套高效、稳定、安全的无人机应用系统，这将大大提高无人机通用能力。

6.1.4　无人机云平台

依托移动 5G 网联技术，可构建无人机端到端的管控、能力开放、AI 与大数据分析、行业应用和增值服务等业务板块的网联无人机管理云平台，提供无人机领域一站式解决方案与服务监管体系，如图 6.2 所示。

无人机云平台包括以下三大功能模块。

（1）传统的空管功能，为军方、空管、机场提供服务，如飞行监视、冲突检测与避免、飞行情报服务等。

（2）为垂直行业用户提供服务，行业用户购买行业应用服务、安全认证服务、网络服务等。

（3）为 B 端或 C 端用户提供增值服务，如电商平台、培训认证、飞手管理等。

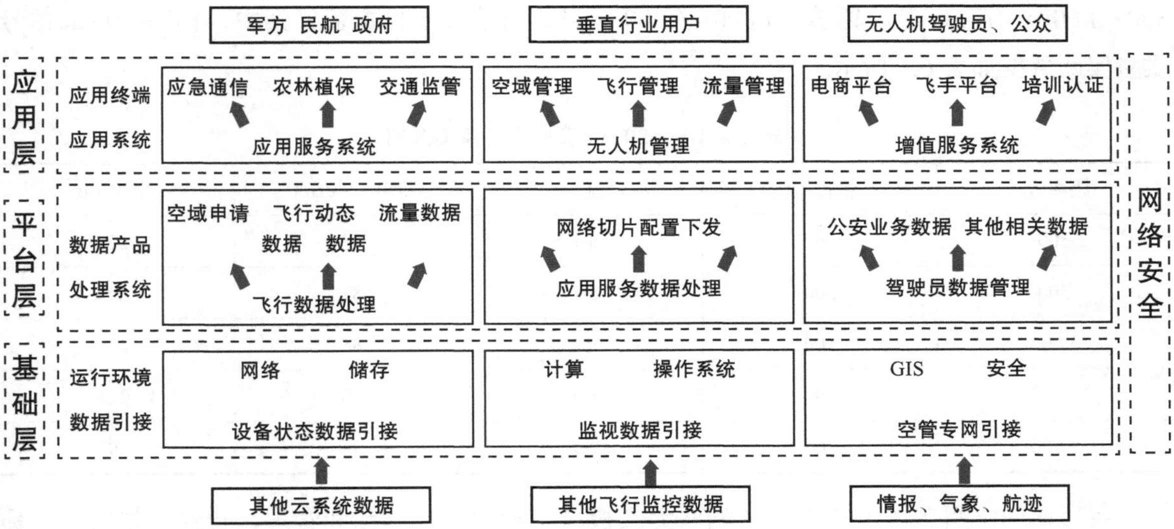

图 6.2 无人机云平台

无人机云平台是集飞手培训、低空定位、轨迹跟踪、空中防撞、线路优化、气象情报等数据统计与分析功能于一体的管控平台，满足了无人机高效、安全的飞行监管需求。

6.1.5 低空覆盖

通过将低空空域按高度进行分层，并将移动蜂窝网络与卫星通信融合，达到低空网络分层覆盖效果，构建空天地一体化网格，如图 6.3 所示。

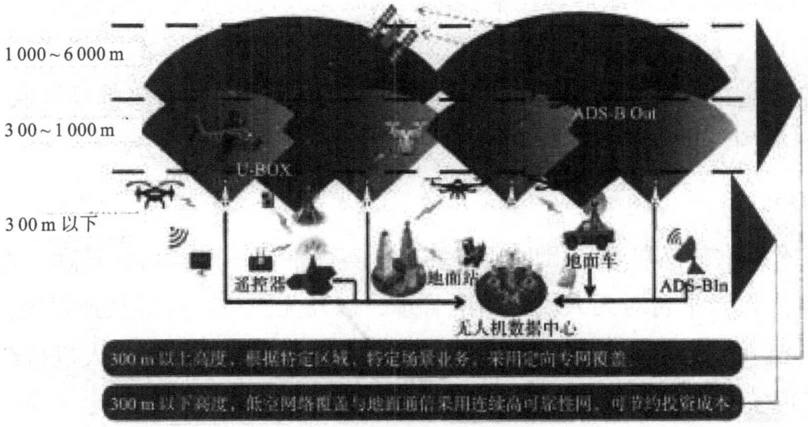

图 6.3 空天地一体化网格

网联无人机覆盖的相对地面高度为 0~6 000 m，1 000 m 以下有望通过蜂窝网络进行覆盖，1 000~6 000 m 低空则可结合采用卫星通信等方式进行覆盖。

由于投资和成本的原因，任何运营商不可能覆盖两层 5G 网络（一层覆盖地面移动用户，另一层覆盖空中无人机）。经过中国移动（成都）研究院的实测和研究，300 m 以下基本不需要进行天线俯仰角度修改，可基本覆盖无人机的多数应用场景，满足数据和视频的传输需求；

300～1 000 m 需 5G 专网覆盖；1 000～6 000 m 需专网结合卫星覆盖。其中，100～300 m 信号质量实测数据如表 6.1 所示。

表 6.1 100～300 m 信号质量实测数据

距离 /m	高度 /m	时延 /ms	RSRP/–dBm	SINR/dB
500	100	8.1	78	27
500	200	8.1	82	26
1 000	100	8.2	88	23
1 000	200	8.2	90	21
1 500	300	8.4	98	19

在移动网络覆盖的低空领域，网联无人机可实现设备的监测和管理，合理规划航线，提高了效率。低空覆盖的网络也使空域被合理利用，扩展了无人机的应用领域，从而产生更高的经济价值。

由于很多无人机的飞行高于天线，无人机的无线通信环境不同于地面，产生了干扰增多、管理复杂化、身份识别困难等问题。移动网络既需要满足无人机通信的场景需求，还需解决无线通信环境的改变而带来的新问题。

当前的 4G 网络解决不了这些问题。在 4G 网络下，当无人机的飞行高度超过 120 m 时，就会受到较大干扰，可能会出现暂时断线问题，导致无人机失联。而 5G 有望解决这些问题。5G 的大规模天线阵列和波束赋形等技术实现了网联无人机的实时超高清图传、远程低时延控制等重要能力。

未来，低空覆盖的无人机智能网络将会实现，构成一个丰富多彩的“网联天空”。无人机将不间断地进行航拍、勘探等工作，实时为用户提供更加完善的服务。

6.1.6 U-Box

利用 5G 技术提供的高可靠、低时延网络，可实现一机一码实名制管理，促进无人机需求的精准匹配和无人机云平台对无人机的精准管理，以及无人机产业的快速发展。

无人机的一机一码实名制管理是通过 U–Box 实现的。U–Box 即无人机机载通信模组，基于 5G 网络，其可实现无人机数据的云传输和云控制。

U–Box 主要包括四个业务模块，分别为人机数据接口模块、载荷数据接口模块、数据处理模块和通信模块。

1. 人机数据接口模块

为了实现无人机身份识别、飞行控制、数据传输与任务管理等功能，基于 5G 的 U–Box 终端必须与无人机进行数据交互。

无人机数据接口模块接收到无人机数据后传输到数据处理模块，同时将数据处理模块中的无人机任务、遥控数据发送给无人机。每一架无人机具有一个唯一的 ID，无人机数据接口模块能存储该唯一的 ID，在每次系统启动时进行校验。

2. 载荷数据接口模块

为了实现载荷身份识别、载荷控制、载荷数据传输与任务管理等功能，U-Box 终端必须与载荷进行数据交互。

载荷数据一般分为两类：第一类是载荷实时图像数据；第二类是载荷监测与控制数据。载荷数据接口模块接收到载荷数据后传输到数据处理模块，同时将数据处理模块中的控制数据传输给载荷。同时，每一个载荷具有一个唯一的 ID，载荷数据接口模块能存储该唯一的 ID，在每次系统启动时进行校验。

3. 数据处理模块

数据处理模块具有一个嵌入式实时操作系统，能够实现对数据进行打包、加密、解密、传输等功能。机载端数据处理模块工作流程如图 6.4 所示。

图 6.4 机载端数据处理模块工作流程

地面数据处理模块工作流程如图 6.5 所示。

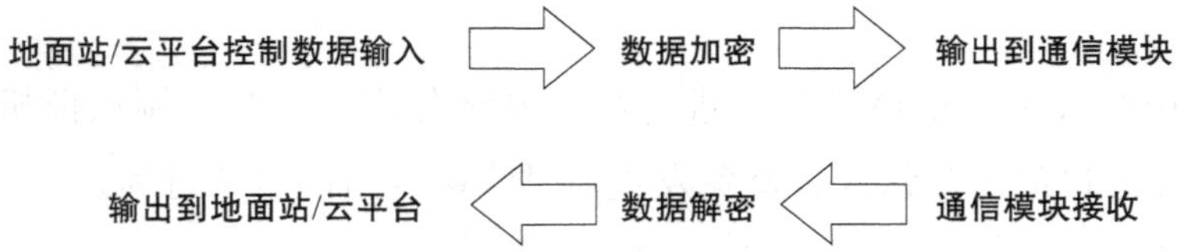

图 6.5 地面数据处理模块工作流程

如图 6.4 及图 6.5 所示，机载端数据打包与解包部分负责无人机和载荷数据的合并与分发，地面端数据处理模块将数据通过标准以太网络接口传输到地面站或云平台。

4. 通信模块

通信模块是一个能通过多频段内置调制解调器的 5G 通信模组。该模组能够接收来自数据处理模块的数据，并且将数据通过无线传输到 5G 信号基站，进而传输到网络。同时，该模组能够接收 5G 信号基站的信号，并将基站传输的数据发送到数据处理模块。

6.1.7 安全应用

当无人机接入互联网后，无人机设备及云服务端会暴露在互联网中，设备和云服务端存在数据泄露的安全风险，设备和云端的风险还可能会进一步对通信网络造成影响。一方面，如果无人机设备存在漏洞被远程控制，会威胁到无人机的飞行安全；另一方面，利用无人机设备上的漏洞对通信网络发起流量攻击，会严重影响通信网络的正常运行。

为了防范此类安全问题，通过将无人机云平台与5G通信加密和网络切片结合，可有效保证无人机通信链路的安全，实现无人机的身份认证，确保无人机飞行安全可控。

无人机的身份认证采用端到端安全解决方案，保证无人机系统的安全可靠，其防护策略包括以下几种。

1. 云端安全防护策略

基于云计算的安全防护策略具有以下功能。

（1）设置安全基线，制定防篡改安全规范，提出监测、防护等要求。

（2）定期开展检查工作。

（3）不定期进行威胁扫描和渗透测试，排查系统漏洞，及时对系统进行升级。

（4）对统计的数据进行分析，定期完成系统安全分析报告。

（5）安装安全防护、通信监视等软件。

（6）业务分级保护策略。针对不同的业务制定不同的安全防护和管理要求，采取不同的防护措施，以满足多样的无人机网络安全防护要求。

2. 终端安全防护策略

终端安全防护策略主要保障四个方面的安全。

1）硬件安全

通过实现无人机终端芯片的安全访问和单元加密，配合安全的计算环境和安全芯片的集成，确保芯片系统程序和数据不被篡改或泄露。

2）认证安全

利用安全应用插件和认证体系算法进行终端异常分析，结合强制认证机制，防止非法节点接入，来实现无人机的实名认证，避免发生通过终端攻击网络的行为。

3）操作系统安全

在安全控制和操作系统的升级过程中，通过对系统资源的监控、提醒，确保系统行为始终是可控的。

4）应用安全

对要安装的软件进行来源识别，对已安装的软件进行敏感行为控制，确保终端中的软件无未经授权的修改、删除等操作。

3. 管端安全防护策略

管端安全防护策略具体表现在以下几个方面：

（1）引入网络节点身份认证机制，对边缘节点的身份进行认证，防止虚假节点接入网络，保证通信网络节点安全。

（2）加强对终端数据完整性的保护。在终端和网络之间建立安全通道，保证信息传输的可靠性，对终端数据进行完整性保护，防止数据泄露和被篡改。

（3）加强数据传输加密操作。加强数据认证等加密操作，保证传送数据的正确性；还可进行指纹、时间戳、消息完整性等多方面校验，保证数据传输的安全性。

（4）通信网络安全态势感知。在了解设备的基本状况后，可以对设备的流量进行分析和跟踪、实时监控，对安全风险进行预测，为接下来的安全风险治理奠定基础。

无人机测绘技术是一项由无人机与遥感器相结合的技术，该技术起源于20世纪末，并在当时的航空技术中开辟了新的发展领域，吸引了大量研究人员参与到研究及技术开发当中。无人机测绘技术具有机动灵活、高效快速、精细准确、作业成本低、适用范围广、生产周期短等特点，可广泛应用于国家重大工程建设、灾害应急与处理、城市管理、国土资源监察、资源开发、新农村和小城镇建设等方面，尤其是在基础测绘、土地资源调查监测、土地利用动态监测、智慧城市建设和应急救灾测绘数据获取等方面具有广阔前景。开展无人机测绘技术推广与应用，是增强测绘地理信息应急服务保障能力的迫切需要，是提高地理信息与卫星遥感监测成果现势性的有效手段，也是加快智慧城市建设的有效保障。

6.2 在国土资源及城市规划建设中的应用

6.2.1 在国土资源领域中的应用

无人机遥感监测服务可以为国土资源提供服务，利用无人机搭载光学相机获取影像及地理信息，将无人机遥感的监测成果运用于基础测绘、执法监察、数字城市、矿产资源、灾害应急等领域，在国土资源方面发挥重要作用。

1. 大比例尺地形图规模化生产

无人机航测成图是以无人机为飞行载体，以非量测数码相机为影像获取工具，利用数字摄影测量系统生产高分辨率正射影像图（DOM）、高精度数字高程模型（DEM）、大比例尺数字线划图（digital line graphic，DLG）等测绘产品。随着无人机技术的广泛应用，客户的需求水平也越来越高，无人机大比例尺航测成图的质量在无人机技术应用中尤为关键，对如何提高产品质量的研究，大大促进了无人机测绘技术的应用。

传统的大比例尺地形图测绘多采用内外业一体的数字化测图方法，即首先采用静态GNSS测量技术布设首级控制网，然后采用GNSS RTK与全站仪相结合的方法进行碎部测量。可以看出，传统的地形测量方法为点测量模式，即需要测量人员抵达每一个地形特征点，通过逐点采信来获取数据，非常辛苦，但测量效率较低，在大范围地形测量中受到了一定的限制。因此，探讨更加灵活机动、高效率的地形测量方法非常必要。近年来，无人机低空摄影测量技术的发展和成熟，提供了新的大比例尺地形测量的方法。

基于无人机测绘技术方法测绘大比例尺地形图工作的主要内容包括：获取测区影像数据、内业空三加密、野外像控点测设及数字测图几个主要的步骤。其中记录影像大地坐标、内业空三加密主要输出加密后的影像、DEM数据及三个角元素的文件、相机文件、空三精度报告，以及照片的外方位元素、记录自动提取的特征点的大地坐标文件、精确匹配后确定的用于相对定向和空三平差的定向点影像坐标文件等，经过空三加密后的影像可以直接导入测图软件进行数字测图。

利用无人机进行大比例尺地形图规模化生产的具体流程如图 6.6 所示。

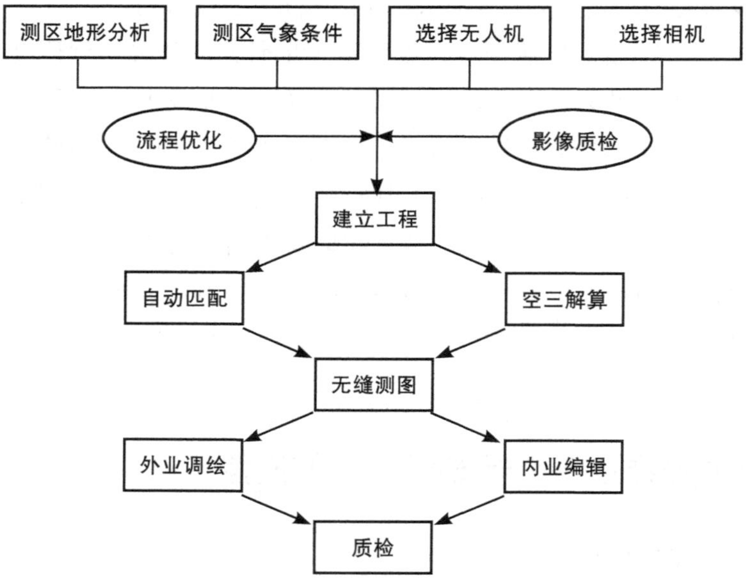

图 6.6 无人机大比例尺地形图规模化生产流程图

无人机航测生产的大比例尺地形图示例见图 6.7。

图 6.7 无人机航测生产的大比例尺地形图示例

无人机测绘技术在大比例尺地形图中的应用具有很强的可行性，它能够快捷地获得高精度的低空影像，加强测绘结果的时效性，经过比较合理处理之后的高精度低空影像，能够应用于新农村建设、城市变形监测、城市规划、国土资源遥感监测、重大工程项目监测、资源开发及应急救灾等许多方面，在较大程度上促进了我国测绘行业的快速发展，对于国民经济建设具有十分深远而且重要的意义。

2. 地籍测绘

近年来，科学技术的发展极大地带动了无人机技术水平的提升，并使其在众多领域都得到了有效的应用。尤其是在测绘领域，当前阶段无人机航测技术虽然还只是一项较新的测绘技术，但是其所具有的体积小、起落方便、测量精确性高及不受天气影响等众多优势，在测绘领域得到了广泛应用。

1）地籍测绘方面数据的获取

现在地籍测绘方面较多地使用无人机航测，就是因为无人机航测在地籍测绘数据上的获取作用极为显著，有着快速、高效、正确的巨大优势。在地籍测绘的数据采集工作中，常常会遇到一些人们难以轻易到达的地方，并且有可能会存在一些风险，还有些地方由于面积过大，难以在短时间内完成，这些都是传统地籍测绘中比较棘手的问题，而无人机航测技术的应用则很好地解决了这些问题。无人机拥有卓越的飞行能力，不论高山、瀑布，都可以轻易到达。加之无人机的飞行速度并不慢，即便是短时间内也可以对一些大面积的地区做到资料的快速采集，并且无人机上还携带了专门的摄影机器，采集的资料也会更为精准，如此种种，使得无人机航测在数据获取上占据领先地位。

2）影像的初步处理

当受到大风天气或其他因素影响时，无人机所拍摄的影像会存在较大的误差。这些误差产生的主要原因在于地物反射的光线发生了变形，导致无人机拍摄的图像效果也出现了变化，影响航测工作的质量和进度。对此，可以对无人机内部的射线装置进行处理，使其能够在拍摄前对图片影像进行空三加密处理，使拍摄的图像更加清晰。地籍测绘对于拍摄的影像有着极为严格的要求，无人机航测拍摄的图片，原本已做过处理，所以图片的质量和图片本身的精确度都有不小的改善，对于地籍测绘来说可以极大地提高工作效率。

3）影像畸变差修正

当前阶段，无人机所搭载的摄像机以数码相机为主，但是此类摄像机在拍摄过程中，经常会收到各种误差影像，从而导致光线变形，进而引发畸变，影响拍摄效果。因此，在对相片进行精确检查后，需要对畸变图像进行修正。在具体操作中，首先需要利用投影几何图像变换原理对其进行检测，然后以此为基础对相片进行修正。此外，为进一步保证图像修正效果，还需要消除相片中存在的噪声，同时利用直线约束力强化畸变系数。

4）特殊项目处理

对于一些位于高原海拔地区的地籍测绘项目，由于其地理环境及气候条件等都与其他地区存在较大的差异，在应用无人机航测技术进行测量时也会遇到较多的困难。具体来说：第一，没有起落场地，需要利用弹射起飞及伞降回收等；第二，有时会遇到阵雨情况，为确保航拍质量，需要工作人员随时做好起降准备，并且在回收无人机后第一时间查看相片是否完好；第三，高原海拔地区由于风速较大，需要适当加大旁向与航向的重叠度，避免航摄漏洞出现。

总而言之，在地籍测绘工作中，无人机技术的应用有着十分明显的优越性。该技术的应用可以有效收集与整理数据，并且能够在很大程度上保障数据的准确性，从而能够有效保证测量数据，提升地籍测绘工作水平。

3. 执法监察

通过无人机遥感监测系统的监测成果，及时发现和依法查处被监测区域的国土资源违法行为，对重点地区和热点地区要实现滚动式循环监测，实现国土资源动态巡查监管，违法行为早发现、早制止和早查处。

4. 数字城市

无人机在空间数据采集方面优势明显，对城市进行多尺度、多时空和多种类的三维描述，成为数字化城市建设中应用前景最为广阔的一种测绘手段。

5. 矿产资源

无人机提供实时、准确、高分辨率监测信息和遥感数据，可探测矿区的基本信息，如矿产资源的开采位置、开采方式、开采矿种等，也可探测矿山的生态环境信息及引发的灾害，为矿产资源开发整体状况提供决策支持。

6. 灾害应急

应用无人机遥感服务可对地质环境和地质灾害进行及时、循环监测，第一时间采集地质灾害发生的范围、程度和源头等信息，为地质部门制定灾害应急措施提供快速、准确的数据支持。

6.2.2 在城市规划行业中的应用

城市规划是研究城市未来发展、城市的合理布局和城市各项工程建设的综合部署，是城市管理的重要组成部分，是城市建设和管理的依据。无人机遥感技术具有多功能的空间视角优势，广泛应用在城市规划测量、城市规划调查、城市规划建设、城市建筑工程监管、城市规划方案比对、城市建设工程的环境监测等方面。

1. 城市规划测量

城市规划需要大量的大地测量测绘信息，采用无人机技术获取大量精度高的测量信息，根据测量信息制作数字地形模型，绘制大比例地形图，能够快速、精准地进行城市规划测量，促进有关部门和人员做出科学的城市规划决策，推动城市健康发展。

2. 城市规划调查

城市遥感信息是城市重要的信息资源之一，无人机遥感技术获取的高清正射影像图可作为现状调查的基础图件。一方面可辅助城市总体规划、控制性详细规划方案的设计与编写、减少现状调查的盲目性；另一方面也是解决专题规划研究与新技术应用的需要，为城市规划提供专题信息统计、调查。

3. 城市规划建设

无人机遥感技术获取数据周期短、成本低，获取的 4D 产品和倾斜摄影模型能够全面地表达城市的形态、布局、现状、规划等信息，结合三维地理信息技术强大的空间数据组织、管理与空间分析能力，可满足城市规划建设管理中查询、空间分析、信息统计、信息挖掘等深层次应用的要求，全方位地为规划管理工作提供信息支撑、手段支持，推动数字城市和智慧城市的建设。

4. 城市建筑工程监管

利用飞行高度较低且行动灵活的轻小型多旋翼无人机进行低空遥感测绘，通过收集高清图像、视频等直观信息，可以快速实现预定区域的建筑物观测，为监管部门对一些大中建筑工程的及时高效监管提供支持。

5. 城市规划方案比对

利用无人机倾斜摄影测量可获取城市或重点区域多角度的高分辨率遥感影像，自动生成城市的实景三维模型，并结合三维地理信息平台，实现城市建筑物规划方案的直观对比，辅助实现重点建筑物的规划选址。

6. 城市建设工程的环境监测

城市建设工程应该坚持环境保护与经济、社会发展相协调发展的原则。运用无人机低空遥感技术，可以在工程规划、设计和审查阶段进行现场勘查，全面了解施工地区及周边的环境；在施工期间，无人机低空遥感技术可以有针对性地对面积、土石方体积、植被覆盖度、工程外观等进行勘查和测量，为环保部门判断环境评价结论和环境保护措施的合理性提供依据。

6.3 在环境保护领域中的应用

近几年随着我国经济高速发展，一部分企业忽视环境保护工作，片面追求经济利益，导致生态破坏和环境污染事故频发，甚至有的企业为节约成本故意不正常使用治污设施偷排污染物，环境保护形势严峻，环境监管执法任务越来越繁重，深度和难度逐年增加，执法人员明显不足，监管模式相对单一，传统的执法方式已很难适应当前工作的需要。利用无人机的遥感系统，可以实时快速跟踪突发环境污染事件，捕捉违法污染源并及时取证，从宏观上观察污染源分布、排放状况及项目建设情况，为环境管理提供依据。

利用无人机航拍巡航侦测生成的高清晰图像，可直观辨别污染源、排污口、可见漂浮物等并生成分布图，实现对环境违法行为的识别，为环保部门环境评价、环境监察执法、环境应急提供依据，从而弥补监察人力不足、巡查范围不广、事故响应不及时等问题，提高环境监管能力。无人机生成的多光谱图像，可直观、全面地监测地表水环境质量状况，形成饮用水源地水质管理的新模式，提高库区环境整体的水生态管理水平。

1. 环境污染范围调查

传统的环境监测，通常采用点监测的方式来估算整个区域的环境质量，具有一定的局限性和片面性。无人机航拍、遥感具有视域广、及时、连续的特点，可迅速查明环境现状。借助系统搭载的多光谱成像仪、照相机生成图像，可直观、全面地监测地表水环境质量状况，提供水质富营养化、水体透明度、悬浮物排污口污染状况等信息的专题图，从而达到对水质特征、污染物监视性监测的目的。无人机还可搭载移动大气自动监测平台对目标区域的大气进行监测，自动监测平台不能够监测污染因子，可采用搭载采样器的方式，将大气样品在空中采集后送回实验室监测分析。无人机遥感系统安全作业保障能力强，可进入高危地区开展工作，也有效地避免了监测采样人员的安全风险。

2. 突发事件现场勘测

在环境应急突发事件中，无人机遥感系统可克服交通不利、情况危险等不利因素，快速赶到污染事故所在空域，立体地查看事故现场、污染物排放情况和周围环境敏感点污染物分布情况。系统搭载的影像平台可实时传递影像信息，监控事故进展，为环境保护决策提供准确信息。

无人机遥感系统使环保部门对环境突发事件的情况了解得更加全面、对事件的反应更加迅速、相关人员之间的协调更加充分、决策更加有据。无人机遥感系统的使用，还可以大大降低环境应急工作人员的工作难度，同时工作人员的人身安全也可以得到有效的保障。

3. 区域巡查执法取证

当前，我国工业企业污染物排放情况复杂、变化频繁，环境监察工作任务繁重，环境监察人员力量也显不足，监管模式相对单一。无人机可以从宏观上观测污染源分布、污染物排放状况及项目建设情况，为环境监察提供决策依据；同时，通过无人机监测平台对排污口污染状况的遥感监测，也可以实时快速跟踪突发环境污染事件，捕捉违法污染源并及时取证，为环境监察执法工作提供及时、高效的技术服务。

4. 建设项目审批取证

在建设项目环境影响评价阶段，环评单位编制的环境影响评价文件中需要提供建设项目所在区域的现势地形图，在大中城市近郊或重点发展地区能够从规划、测绘等部门寻找到相关图件，而在相对偏远的地区便无图可寻，即便是有，也因绘制年代久远或图像精度较低而不能作为底图使用。如果临时组织绘制，又会拖延环境影响评价文件的编制时间，有些环评单位不得已选择采用时效性和清晰度较差的图件作为底图，势必对环境影响评价工作质量造成不良影响。

无人机航拍、遥感系统能够有效解决上述问题，它能够为环评单位在短时间内提供时效性强、精度高的图件作为底图使用，并且可有效减少在偏远、危险区域现场踏勘的工作量，提高环境影响评价工作的效率和技术水平，为环保部门提供精确、可靠的审批依据。

5. 自然生态监察取证

自然保护区和饮用水源保护区等需要特殊保护区域的生态环境保护，一直以来是各级环保部门工作的重点之一，而自然保护区和饮用水源保护区大多有着面积较大、位置偏远、交通不便的特点，其生态保护工作很难做到全面、细致。环保部门可采用无人机获取需要特殊保护区域的影像，通过逐年影像的分析比对或植被覆盖度的计算比对，可以清楚地了解该区域内植物生态环境的动态演变情况。从无人机生成的高分辨率影像中，甚至还可以辨识出该区域内不同植被类型的相互替代情况，这样对区域内的植物生态研究也会起到参考作用。区域内植物生态环境的动态演变是自然因素和人为活动的双重结果，如果自然因素不变而区域内或区域附近有强度较大的人为活动，逐年影像也可为研究人为活动对植物生态的影响提供依据。当自然保护区和饮用水源保护区遭到非法侵占时，无人机能够及时发现，拍摄的影像也可作为生态保护执法的依据。

6. 监测空气、水质采样分析

气体的取样，其采样方式为无人机搭载真空气体采集器，对大气和工业区经行气体进行采样，适用于各种工业环境和特殊复杂环境中的气体浓度采集和检测，利用无人机平台可以进行高空检查和多方位检测，探测器采用进口气体传感器和微控制器技术，响应速度快，测量精度高，稳定性和重复性好，操作简单，完美显示各项技术指标和气体浓度值，可远程无线在电脑上查看实时数据，具有实时报警功能、数据历史查询和存储功能、数据导出功能等。定点航线飞行检测气体溶度值，可设置不同溶度的报警值。

自动水质的采样，其采样方式为无人机搭载自动水样采集器，悬停在目标区域进行采样取水。系统主要用在江、河、湖，以及环境复杂、人员不易到达的危险地带，通过无人机搭载自动水质采样系统，实现全程全自动飞行及采样，并全程高清影像记录。

6.4 在矿山监测中的应用

利用无人机测绘技术，可以在矿山开发状况、矿山环境等多目标遥感调查与监测工作的数字矿山建设、矿产资源监测、村庄压占拆迁快速测量与评估、矿区地质灾害监测、矿区灾害应急救援指挥等方面发挥作用。

1. 数字矿山建设

数字矿山建设是矿山信息化管理的重要手段，它的建设需要基础地理信息数据，包括遥感影像、地形图和DEM数据等。随着矿山建设的快速发展，需要及时地不断更新基础地理数据。

目前，矿山企业主要是采用常规测量手段，周期长，费用高，难以适应数字矿山建设需求。多数矿山在偏僻山区，不适宜大飞机作业。无人机可以弥补上述不足，可随时获取动态变化数据，满足数字矿山建设的需求。数字矿山示例如图 6.8 所示。

图 6.8 数字矿山示例

2. 矿产资源监测

由于矿山资源具有稀缺性和不可再生的特点，所以出现了多起乱采、乱挖矿山的现象，特别是对于那些无证开采的矿山、靠人力监管已经无能为力，需要高科技的手段才能有效管理。利用无人机技术可以实现空中监视，无须到达目标区即可取证，可以有效地实现监管，有力地打击违法开采资源的活动。如图 6.9 所示。

图 6.9 某多金属矿区铁矿无证开采点

3. 村庄压占拆迁快速测量与评估

矿山建设发展过程中，需要对矿井周边原有居民地等地面建（构）筑物进行调查，测算征迁补偿费用。这一工作任务重，尤其是进入居民区，容易引起民心恐慌，激化企业与地方矛盾，导致影响地表附属物的调查结果与质量，不利于企业的可持续发展，更不利于矿业集团公司发展战略的稳步实施。因此，摸清查准地表附属物的补偿数量与结构，对于精确测算补偿费用，切实维护当地政府、农民与企业的利益，意义十分重大。通过采用传统的拆迁测量方式进行地表附属物的面积及结构统计，显然不能有效满足矿业集团这一特殊需要。

利用无人机对矿区村庄压占拟拆迁房屋进行航空摄影测量，可以快速获取拆迁的全部建筑物的真实影像信息，为制定拆迁补偿与评估政策、有效解决拆迁补偿纠纷提供第一手的翔实资料。如图 6.10 所示。

图 6.10 拆迁村庄现势影像图

4. *矿区地质灾害监测*

利用无人机低空遥感技术监测矿区地表沉陷扰动范围、矿石山压占面积，对地表沉陷控制模式及生态景观保护与重建具有重要意义，可以利用无人机影像图进行地裂缝、地面沉降及滑坡体解译，如图 6.11 所示。

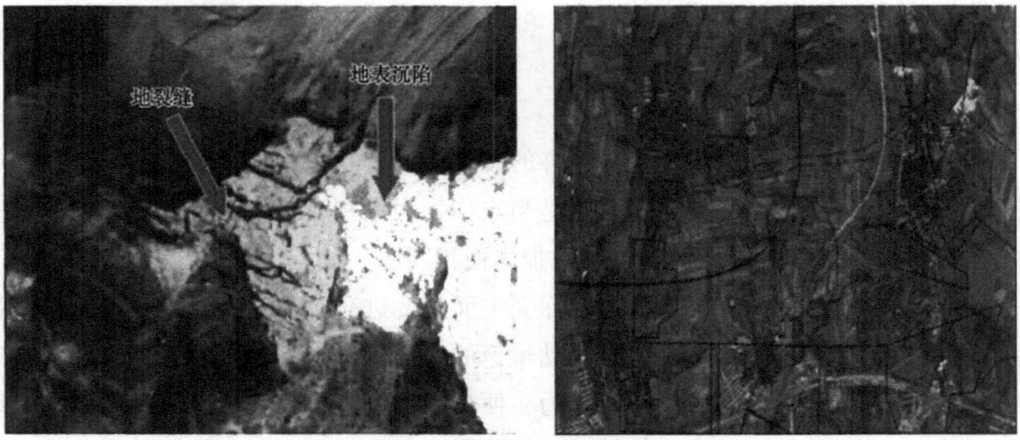

图 6.11 地裂缝与地面沉陷解译

5. *矿区灾害应急救援指挥*

无人机在灾害救助领域具有广泛应用前景。灾前预警期间可以在高风险地区航拍获取灾前地面影像资料；在灾中应急调查和快速评估期间，可以获取百千米级受灾区域影像资料，扩大灾害调查范围，提高灾害监测能力；灾后恢复重建和损失评估期间，通过航拍可进行灾后恢复重建选址、规划、进度调查和监测，以及进行灾情总体评估和专项评估。

6.5 在农林业领域中的应用

1. 在农业方面应用

中国是世界上最大的农业机械大国之一，拥有 120 万平方千米基本农田，大量的农业植保需要作业，随着土地改革及中国农村土地流转和集约化管理的加快，农村劳动力日益短缺，无人机参与农业生产已经成为中国农业的发展趋势。近年来，农业科技化的发展越来越受到重视，以智能机器人取代人工进行劳作与监测逐渐进入大众的视野。农业植保无人机的应用，使喷洒农药、播种等农用技术变得更简便、更精确有效。无论是土壤红外遥感、农作物生长评估还是农业喷药，无人机在精准农业正发挥着来越重要的作用，成为现代精准农业的尖兵，并将掀开精准农业的新篇章。

1）农田药物喷洒

药物喷洒是农用无人机最为广泛的应用，与传统植保作业相比，植保无人机具有精准作业、高效环保、智能化、操作简单等特点，可为农户节省使用大型机械和人力的成本，全国各地不少地区都已使用植保无人机进行药物作业，得到了人们的肯定。

2）农田信息监测

无人机农田信息监测主要包括病虫监测、灌溉情况监测及农作物生长情况监测等。它利用以遥感技术为主的空间信息技术，通过对大面积农田、土地进行航拍，从航拍的图片、摄像资料中充分、全面地了解农作物的生长环境、生长周期等各项指标，从灌溉到土壤变异，再到肉眼无法发现的病虫害、细菌侵袭，指出出现问题的区域，从而便于农民更好地进行田间管理。无人机农田信息监测具有范围大、时效强和客观、准确的优势，是常规监测手段无法企及的。

3）农业保险勘察

农作物在生长过程中难免遭受自然灾害的侵袭，使得农民受损。对于拥有小面积农作物的农户来说，受灾区域勘察并非难事，但是当农作物大面积受到自然侵害时，农作物查勘定损工作量极大，其中最难以准确界定的就是损失面积问题。

农业保险公司为了更为有效地测定实际受灾面积，进行农业保险灾害损失勘察，将无人机应用到农业保险赔付中。无人机具有机动快速的响应能力、高分辨率图像和高精度定位数据获取能力、多种任务设备的应用拓展能力、便利的系统维护等技术特点，可以高效地完成受灾定损任务。通过航拍查勘获取数据、对航拍图片进行后期处理与技术分析，并与实地量测结果进行比较校正，保险公司可以更为准确地测定实际受灾面积。无人机受灾定损，解决了农业保险赔付中勘察定损难、缺少时效性等问题，大大提高了勘察工作的速度，节约了大量的人力、物力，在提高效率的同时确保了农田赔付勘察的准确性。

2. 在林业方面应用

日常的林业工作主要包括林业有害生物监测、森林资源调查、野生动物保护管理、森林防火和造林绿化等。外业工作环境艰苦，工作量大。目前，随着我国3S技术和图像视频实时传输等技术的发展，无人机和无人机技术逐渐应用于日常林业工作中，大大提高了工作效率和精度，节省了人力、物力，具有明显的优势和广阔应用前景。

1）林业有害生物监测防治

目前，我国森林病虫害监测与防治主要通过黑光灯诱杀、昆虫网诱捕、性引诱剂诱捕和人工喷洒农药的方式。随着我国造林绿化面积的增多，以及气候因素的影响，森林病虫害呈现程度增强、面积增加的趋势，传统人工监测与防治手段在应对大面积森林病虫害监测防治时凸显出弱势。

通过无人机喷洒药物、监测，能有效提高有害生物监测和防治减灾水平，大大减小林业有害生物对森林资源造成的生态危害。目前在我国也有一些地区使用无人机进行病虫害防治，比如勐腊县利用植保无人机对县内橡胶树病虫害进行监测和防治，应用结果表明无人机喷洒农药1小时的工作量相当于2个工人工作1天，极大地提高了橡胶行业病虫害防治效率，提高了应对橡胶突发病虫害的反应速度；山西临县利用无人驾驶植保机对辖区内病虫害发生严重的红枣树进行喷药防治，取得了良好的效果。

2）森林防火

森林火灾的发生会造成巨大的生态损失、经济损失和人员伤亡，是一种扑救难度大的灾害，因此国家非常重视森林防火工作，要求防患于未然。目前最基础的森林防火方式是派人实地巡逻考察，对于大面积的林区来讲，工作量大，危险性高，火点观测精度低。有人驾驶机飞行受管制，拍摄的图像很难满足高精度和高分辨率的要求，在森林火灾发生时，存在很大的危险性。在森林防火中利用无人机具有操作简便、部署快速、使用成本低、功能多样化、图像分辨率高等优点，同时能够实时了解火场发生态势和灭火效果，及时消灭火灾。

3）野生动物监测

在野生动物资源监测方面，无人机利用其特有的高时效性，能够第一时间获取野生动物资源变化数据。利用无人机技术，可以实现对野生动物种群分布、生长情况的监测，也可以对濒危动物进行跟踪监测，减轻人工巡查对其造成的扰动，大大减少监测巡护的人工和经济成本。

4）森林资源调查

森林资源调查是我国林业工作中非常重要的一项任务，森林资源调查的技术方法经历了航空相片调查方法、抽样调查、计算机和遥感技术调查等阶段，这些方法都离不开工作人员到实地进行调查，尤其是在大规模林区，需要花费大量人力、物力。

利用无人机和遥感技术的结合，可快速获取所需区域的高精度森林资源空间遥感信息，具有高时效、低成本，低损耗、高分辨率等特殊优势。例如，张园等在浙江省杭州临安区的二类调查中利用了无人机遥感技术，快速获取高清晰度遥感图像，经过图像处理和软件分析，取得了非常好的工作成果。

6.6 在水利相关领域中的应用

由于无人机低空遥感具有高机动性、高分辨率等特点，所以其在水利行业中的应用有着得天独厚的优势，在防汛抗旱、水土保持监测、水域动态监测、水利工程建设与管理等相关业务领域中，无人机测绘技术都能发挥其巨大的作用。

1. 防汛抗旱

无人机测绘技术作为一种空间数据获取的重要手段，具有续航时间长、影像实时传输、高危地区探测、成本低、机动灵活等优点，是卫星遥感与有人机航空遥感的有力补充。无人机在日常防汛检查中，可克服交通不便等不利因素，快速赶到出险空域，立体地查看蓄滞洪区的地形、地貌和水库、堤防险工险段，根据机上所载装备数据，实时传递影像等信息，监视险情发展，为防洪决策提供准确的信息，同时最大限度地规避了风险。小型无人机携带非常方便，到达一定区域后将其放飞，人员可以在安全地域内操控其飞行，并进行相关信息的实时采集、监控，为防汛决策提供保障。

无人机防汛抗旱系统的应用，使相关的政府部门对应急突发事件的情况了解更加全面、对突发事件的反应更加迅速、相关人员之间的协调更加充分、决策更加有据。无人机的使用，还可以大大地降低工作人员的工作难度，在抗洪抢险中的人身安全也可以得到进一步的保障。在防汛抗旱领域，无人机能够保障政府和其他应急力量在洪涝灾害或旱情来临的时候，快速、及时、准确地收集到应急信息，以多种方式进行高效沟通，为领导提供科学的辅助决策信息。

2. 水土保持监测

我国是世界上水土流失最为严重的国家之一，由于特殊的自然地理和社会经济条件，水土流失已成为我国主要的环境问题。土壤侵蚀定量调查是水土保持研究的重要内容之一。在土壤侵蚀定量调查中，无人机可以发挥重要作用，其宏观、快速、动态和经济的特点，已成为土壤侵蚀调查的重要信息源；土壤侵蚀过程极其复杂，受多种自然因素和人为因素的综合影响。自然因子包括气候、植被（土地覆盖）、地形、地质和土壤等，人为因素包括土地利用、开矿和修路等。不同的土壤侵蚀类型的影响因子也不同，对于水蚀来说，参考通用土壤侵蚀方程各因子指标，并考虑遥感技术与常规方法相结合，一般选择降水、地形或坡度、沟谷密度、植被盖度、成土母质及侵蚀防治措施等作为土壤侵蚀估算的因子指标。同时，根据不同时期土壤侵蚀强度分级的分析对比，评价水保工程治理效果，指导今后水土保持规则和设计工作。

无人机可以在低空、低速情况下对研究区进行拍摄，航拍的照片真实、直观地反映了研究范围内水土流失状况、强度及分布情况。这对于利用 GIS 系统建立研究范围内水土流失本底数据库，确定土壤侵蚀类型、强度、程度，以及地形、植被、管理措施等土壤侵蚀因子的属性提供了数据源。无人机系统获取的遥感影像，能够帮助了解区域水土流失发展趋势、发生特点和现状，以便做好区域水土保持工作规划，加快水土流失治理。在水土保持监测领域，无人机能以较低的成本快速清查较大范围的水土流失状况、主要土壤侵蚀影响因子，为利用 GIS 分析研究范围内的水土流失奠定基础。

3. 水域动态监测

水资源是人民生活、生产不可缺少的重要资源，随着人口增加和工业发展，水资源供需矛盾日益突出，水资源的合理开发利用是当前急需解决的问题，而河流水系分布及流域面积的准确计算是开发利用的基础。目前，由于时间变迁和当时技术水平的限制，许多河流水系分布、流域面积等基础资料已不能准确反映当前状况。水域动态监测调查的目标是查清研究范围内的水域变化状况，掌握真实的水域基础数据，建立和完善水域调查、水域统计和水域占补平衡制度，实现水域资源信息的社会化服务，满足经济社会发展及水域资源管理的需要。利用无人机低空遥感技术进行水资源调查，速度快，准确率高，可节省大量人力、物力、财力。同时，通过对水域利用状况和水域权属界线等进行全面的变更调查或更新调查，按照科学的技术流程，采用成熟的目视解译与计算机自动识别相结合的信息提取技术，进行内业数据采集和图形编辑，获取每一块水域动态监测的类型、面积、权属和分布信息，建立各级互联、自动交换、信息共享的“省、市、县”水域动态监测利用数据库和管理系统。利用无人机低空遥感信息，还可以监测河道变化、非法水域占用等情况，为预测河道发展趋势、水域占用执法等工作提供数据。无人机水域监测数据还可以应用到水利规划、航道开发等方面，具有十分可观的经济效益和显著的社会效益。

4. 水利工程建设与管理

在水利工程建设与管理方面涉及水利工程建设环境影响分析评价、大型水利工程的安全监测等，无人机低空遥感的快速实施、高分辨率数据等特点，使其在该领域也能发挥特殊的作用。水利工程环境影响遥感监测包括水利工程建设引起的土地植被或生态变化、淹没范围、库尾淤积、土地盐渍化等方面。利用无人机遥感的高分辨率、灵活机动等特征，可以为工程生态环境提供宏观的科学数据和决策依据，同时利用空间信息技术手段，应用无人机的高空间分辨率遥感影像及高精度 GNSS 系统相结合的方法，还可以进行大型水库和堤坝工程的建设施工监测工作。

6.7 在突发性公共事件中的应用

中国每年因自然灾害、事故灾害和社会安全事件等突发公共事件造成的人员伤亡逾百万，经济损失高达数千亿元。目前，我国正处在突发性公共事件的高发期，而且在未来很长一段时间内都将面临突发性公共事件所带来的严峻考验。从自然角度分析，中国也是世界上受自然灾害影响最为严重的国家之一，灾害种类多，灾害发生频度高，损失严重。自然灾害在中国有着较强的社会性，灾害造成的损失也在逐渐增加。

突发事件的主要特征：一是突发性和难以预见性；二是破坏性；三是紧迫性。因为是突然发生的、非正常的、带有破坏性的事件，极易造成公众的恐慌，所以在处理突发事件时，就带有紧迫性的特点。突发事件对应急管理的要求是：迅速判明情况，查明事件原因：实现快速响应，尽快到达现场；采取果断措施．实施正确指挥；进行紧急救援，防止事态发展；妥善安排善后，尽力减少损失。在这些环节中无人机都能够发挥重要作用。具体来说，无人机在处理突发性公共事件中的作用主要体现在以下 6 个方面。

1. 实现快速响应

小型无人机的质量只有几千克或十几千克，依靠遥控器或手提电脑就可以对其进行操控。装备该类无人机的小分队只需 2～3 人就可以完成任务。即使在道路被毁的情况下，徒步也可以到达事故现场。一架未组装起来的无人机，有的仅有一个标准行李箱那么大，放在汽车或飞机上就可以很方便地携运。有些无人机的起飞条件很简单，在汽车上就可以弹射起飞。尤其是无人直升机的起降，有块几平方米的平地就行。

如果是中型无人机，通常需要车载控制设备。其保障分队一般需要配备 2～3 辆吉普车，具有一定的越野能力，也能在最短时间内到达现场，实现快速响应。

无人机不仅能够有较快的反应能力，而且对环境和气象条件有较强的适应性，在这方面比有人驾驶机更优越。例如：参加“5 · 12”救援的无人机能在 6 级风下完成飞行任务，受阴、雨、雾等天气条件的限制比有人驾驶机要小得多。固定翼无人机起飞时一般只需要一条 100 m 左右的跑道，只要周围没有突出的障碍物就可以自主起降。如果采用遥控起降方式，则只需要二三十米长的跑道，可以利用震后残存的公路顺利起降。无人机可超低空作业，受天气条件的限制非常小，但是获取地面影像的速度非常快，可在半径 15 km 的范围内稳定、可靠飞行数小时。

2. 采集现场数据并传送到指挥中心

无人机通常配置的基本设备就是多媒体采集系统，负责完成视频、音频数据的采集，通过无线传输方式，传输到地面的接收机。其机载摄像机能够对视频数据进行编码压缩，以图像方式把视频数据送回指挥中心。如果配置高清晰度的数码摄像机，能够对现场进行高质量的视频采集及音频的实时采集，安装视频采集设备的无人机能够采集稳定的视频画面，其数据传输距离可达 30 km。

无人机能方便地使用摄像机、热像仪等各种载荷。即使是普通的民用级专业数码相机，也能安装到无人机的平台上。配合自动曝光摄影等一系列先进技术，就能自动获取高清晰数码照片。通过后期处理，生成的数码影像和地形图可为灾难评估和灾后重建提供可靠的数据保障。在“5 · 12”汶川特大地震的抢险救灾过程中，无人机在第一时间获取了大量震后详细影像，为灾后救援提供了可靠的决策依据。

通过对灾区或事故现场进行视频、音频图像采集，并及时传报给指挥中心，能够使政府相关部门掌握现场情况第一手资料，对情况的分析更加全面、准确，使判断和决策更加及时、正确，反应更加迅速，各部门及各类救援人员的协调也会更加充分。

3. 实现通信中继功能

空中通信中继是无人机的一个重要用途。当自然灾害（如地震、洪水、泥石流、海啸等）

发生时，在一定地域内地面原有的有线、无线通信系统均遭到破坏，此时此地，在最需要通信联络的时候，信息传递就成为一个大问题。而无人机则可以作为一个便捷的通信中继机，在指挥中心与现场之间搭建一条无形的信息“桥梁”，快速构成一个应急局域无线通信网以解燃眉之急，为救灾赢得宝贵时间。

在“5·12”汶川特大地震中，地面通信设施遭到破坏，由于其特殊的地理和气象环境，对空通信保障也十分困难，通信联络成为抗震救灾指挥中面临的一大难题。为此，空军不得不派出一架专用飞机担负通信中继任务。事实证明，由于该机在灾区上空架设了一条不间断的通信桥梁，扫除了高山、峡谷内的通信盲区，为抗震救灾指挥部实时指挥提供了强有力的技术支持。如果在地面通信中使用多个无人机分队进行配合，整个救灾指挥的通信环境就会更加完善。

4. 跟踪事件发展态势

由于无人机的使用方便快捷，到达现场之后能够迅速展开，展开之后就能够不间断地跟踪事件的发展，利于指挥中心及时掌握事件态势。在追踪事件态势方面，无人机有大飞机无法比拟的优点。由于其机体小巧，速度容易控制，机动性好，在需要急转弯时，无人机可以一下子转过来，大飞机就不行。此外，无人机能超低空飞行，适应性更强，相对而言，大飞机在山区飞行就受限制，因为无人机飞得低，所以它能看得更清楚。

使用无人机获取信息的分辨率很高，可以达到 0.1 m。目前无人机所搭载的传感器一般都采用光学传感器，夜间使用还受到限制，如果配备红外或具有夜视功能的系统，其功能将更加强大。

5. 投掷紧急救援物资

所有的无人机都具有一定的负载能力，可以装载一定数量的装备或物资。在危急条件下，可以向被围困的受难者或处于恶劣环境下以正常手段不能被施救的人投放救援物资或工具，以帮助受困者尽快脱离危险。

6. 播撒传单与空中喊话

我国目前正处于经济社会发展的关键阶段，各种社会矛盾不断涌现，即使是人民内部矛盾也会出现一些新问题，如果处置失当，有可能会出现骚乱、械斗甚至暴乱等影响社会安全的重大事件。当该类事件出现时，由于人数众多，容易失去理智，现场很难控制。必要时可利用无人机播撒传单，向现场群众传递有关信息，引导群众配合政府的施救行动。

突发事件具有不确定性，如果在处置过程中不能使用正常的宣传工具与群众进行沟通，可通过无人机搭载扩音设备对现场进行喊话，传达领导人意图。同时，指挥中心通过无人机直接监视现场情况，必要时也可与其进行对话，以缓解矛盾，控制事态发展。

参考文献

[1]孙家炳．遥感原理与应用 [M].3 版．武汉：武汉大学出版社，2013.

[2]张祖勋，张剑清．数字摄影测量学 [M] ．2 版．武汉：武汉大学出版社，2012.

[3]段连飞，章炜，黄瑞祥．无人机任务载荷 [M]．西安：西北工业大学出版社，2017．

[4]杨浩．城堡里学无人机原理系统与实现 [M]. 北京：机械工业出版社，2017．

[5]符长青，曹兵．多旋翼无人机技术基础 [M]. 北京：清华大学出版社，2017.

[6]宇辰网．无人机：引领空中机器人新革命 [M]. 北京：清华大学出版社，2017．

[7]左建章．关艳玲，李军杰．高精度轻小型航空遥感系统集成与实现 [M]. 北京：测绘出版社，2014.

[8]奥斯汀．无人机系统：设计、开发与应用 [M]. 陈自力，董海瑞，江涛，译．北京：国防工业出版社，2013.

[9]陈静波，汪承义，孟瑜，等．新型航空遥感数据产品生产技术 [M]. 北京：化学工业出版社，2016.

[10]廖小罕，周成虎．轻小型无人机遥感发展报告 [R]. 北京：科学出版社，2016.

[11]程多祥．无人机移动测量数据快速获取与处理 [M]. 北京：测绘出版社，2015.

[12]程远航．无人机航空遥感图像拼接技术研究 [M]. 北京：清华大学出版社，2016.

[13]麻金继，梁栋栋．三维测绘新技术 [M]. 北京：科学出版社，2018.

[14]黄亮，刘忠，石章松，等．无人机系统纯方位定位技术及应用 [M]. 北京：国防工业出版社，2015.

[15]乔巴尔．玩转无人机 [M]. 吴博，译．北京：人民邮电出版社，2019.

[16]刘广社，高琼，张丹．摄影测量与遥感 [M]. 武汉：武汉大学出版社，2013.

[17]张祥全，苏建军．架空输电线路无人机巡检技术 [M]. 北京：中国电力出版社，2016.

[18]西蒙斯．模型飞机空气动力学 [M]. 肖治垣，马东立，译．北京：航空工业出版社，2007.

[19]李传荣．无人机遥感载荷综合验证系统技术 [M]. 北京：科学出版社，2014.

[20]王桥，王晋年，杨一鹏，等．环境监管无人机遥感技术与应用 [M]. 北京：科学出版社，2014.

[21]白由路，杨俐苹，王磊，等．农业低空遥感技术及其应用前景 [J]. 农业网络信息，

2010（1）：5–7.

［22］曹丽剑，苏建，王江峰，等 . 无人机遥感载荷数据存储系统设计 [J]. 计算机测量与控制 .2010，18（10）：2400–2402.

［23］曾丽兰，王道波，郭才根，等 . 无人驾驶直升机飞行控制技术综述 [J]. 控制与决策，2006，21（4）：361–366.

［24］崔麦会，周建军，陈超 . 无人机视频情报的压缩传输技术 [J]，电讯技术，2007，47（1）：131–133.

［25］方剑强 . 生产数字正射影像图（DOM）的若干技术问题探讨 [J]. 测绘与空间地理信息，2007，30（3）：91–93.

［26］高晖，陈欣，夏云程 . 无人机航路规划研究 [J]. 南京航空航天大学学报，2001，33（2）：135–138.

［27］韩文超，基于 POS 系统的无人机遥感图像拼接技术研究与实现 [D]. 南京：南京大学，2011.

［28］韩文权，任幼蓉，赵少华 . 无人机遥感在应对地质灾害中的主要应用 [J]. 地理空间信息，2011，9（5）：6–8.

［29］姬渊，秦志远，王秉杰，等 . 小型无人机遥感平台在摄影测量中的应用研究 [J]. 测绘技术装备，2008，10（1）：46–48.

［30］贾建军，舒嵘，王斌永 . 无人机大面阵 CCD 相机遥感系统 [J]. 光电工程，2006，33（8）：90–93.

［31］雷添杰，李长春，何孝莹 . 无人机航空遥感系统在灾害应急救援中的应用 [J]. 自然灾害学报，2011，20（1）：178–183.

［32］李寒，牛纪桢，郭禾 . 基于特征点的全自动无缝图像拼接方法 [J]. 计算机工程与设计，2007，28（9）：2083–2085.

［33］刘京，赵淑莉，刘方，等 . 环境应急监测准备及其保障 [J]. 中国环境监测，2006，22（6）：37–39.

［34］马广彬，章文毅，陈甫 . 图像几何畸变精校正研究 [J]. 计算机工程与应用，2007，43（9）：45–48.

［35］王聪华 . 无人飞行器低空遥感影像数据处理方法 [D]. 青岛：山东科技大学，2006.

［36］王国洲 . 无人机航摄系统在贵州地质灾害应急中的应用 [J]. 地理空间信息，2010，8（5）：1–3.

［37］王祥，黄健 . 数字正射影像图的原理及生产流程 [J]. 江苏测绘，2000（1）：33–35.

［38］吴森堂，费玉华 . 飞行控制系统 [M]. 北京：北京航空航天大学出版社，2005.

［39］晏磊，吕书强，赵红颖，等 . 无人机航空遥感系统关键技术研究 [J]. 武汉大学学报（工学版），2004（6）：67–70.

[40] 沈怀荣，邵琼玲，王盛军，等，无人机气象探测技术 [M]. 北京：清华大学出版社，2010.

[41] 王志勇，张继贤，黄国满 . 数字摄影测量新技术 [M]. 北京：测绘出版社，2012.

[42] 魏瑞轩，李学仁 . 无人机系统及作战使用 [M]. 北京：国防工业出版社，2009.

[43] 叶文，范洪达，朱爱红 . 无人飞行器任务规划 [M]. 北京：国防工业出版社，2011.

[44] 张保明，龚志辉，郭海涛 . 摄影测量学 [M]. 北京：测绘出版社，2008.

[45] 张强 . 低空无人直升机航空摄影系统的设计与实现 [D]. 郑州：中国人民解放军信息工程大学，2007.

[46] BERUTIV, CONWAY. E, FORCADA M E, et al. Proceedings of the 7th International Conference on Preser -vation of Digital Objects (IPRES 2010) [C]. Vienna:[s.n.], 2010.

[47] BROWN M，LAWED G. Automatic panoramic image stitching using invariantfeatures [J]. Intemational journal of computer vision，2007，74 (1)：59–73 .

[48] MERI T，CHAPMAN T. Autonomous unmanned helicopter system for remote sens–ing missions in unknown envtronments [C] . International Archives of the Photogrammetry，Remate Sensing and Spatial Information Sciences，2011 ：XXXVIII –1/C22.

[49] COLOMINA I，BLDZQUEZ M，MOLINA P，et al. Towards a new par–adigm for high–resolution low–cost photogrammetry and remote sensing：A review [J] . IAP–RS & SIS，2008，37 (BI)：1201 –1206.

[50] COLOMINA I，MOLINA P. Unmanned aerial systems for photogrammetry and re–mote sensing：a teview [J] . ISPRS journal of photogrammetry and remote sensing，2014 (92)：79–97 .

[51] FORZIERI G，TANTERI L，MOSERG，et al. Mapping natural and urban envi–ronments using airborne multi–sensor ADS40–MIVIS–LiDAR synergies [J].International journal of applied earth observation and geoinformation，2013 (23)：313 –323 .